SUR

LA FORTIFICATION

DE PARIS.

Cette note a été distribuée à la Chambre des Pairs.

SUR LA

FORTIFICATION

DE PARIS,

PAR

LE GÉNÉRAL PELET,

PAIR DE FRANCE.

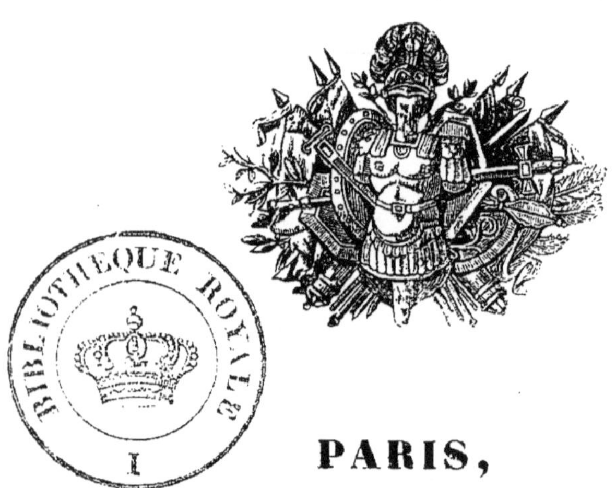

PARIS,

IMPRIMERIE DE BOURGOGNE ET MARTINET,

IMPRIMEURS DU SPECTATEUR MILITAIRE,

RUE JACOB, 30.

15 Mars 1841.

SUR

LA FORTIFICATION

DE PARIS;

PAR LE GÉNÉRAL PELET.

Une expérience acquise dans toutes les grandes guerres de l'Empire, l'étude constante de l'art au milieu des champs de bataille et pendant ma vie entière, me donnent quelques droits pour traiter la question qui agite en ce moment les esprits.

Après avoir assisté à la rapide conquête de l'Europe, à la prise de la plupart des capitales, après avoir vu le Portugal et la Russie qui ne pouvaient se défendre, dévastés et livrés aux flammes, Paris tombé deux fois au pouvoir de l'ennemi malgré d'héroïques efforts, je peux me permettre de donner mon opinion sur la défense des empires.

Membre des deux Commissions de défense du royaume, j'ai provoqué et j'attends depuis vingt années la loi que je vais soutenir. A mes yeux, cette question ne se borne pas à la conservation d'une ville ou d'un royaume ; elle touche aux grands intérêts de l'espèce humaine et de l'ordre social ; elle embrasse les destinées de la France et de l'Europe ; car il s'agit de rendre les guerres moins fréquentes et moins terribles.

Tout le monde semblait d'accord sur la nécessité et sur le mode de la fortification de Paris. Les principales parties du projet étaient arrêtées, les terrains acquis, les marchés passés, les travaux entrepris sur la moitié des points et déjà assez avancés. Après de longues et profondes discussions, un système mixte, système de conciliation, reconnu très fort par tous les hommes de bonne foi, était consacré par le vote imposant de la Chambre élective, lorsqu'est survenu un fâcheux incident auquel on ne devait pas s'attendre. Des dissentiments ont surgi soudainement; quelques esprits, se refusant à l'évidence, persistent dans des systèmes exclusifs et dans une opposition systématique. Il faut donc recommencer la discussion, la reprendre rapidement à son origine, et la résumer dans ses principales parties; il faut répondre aux objections les plus sérieuses, combattre des assertions fausses et faire connaître les véritables documents.

Rappelons d'abord comment est née cette question, et les faits qu'on a voulu dénaturer. Jusqu'aux deux tiers du dix-septième siècle, Paris était entouré vers le nord d'une enceinte bastionnée ; on avait souvent projeté de la prolonger vers le sud. Cette partie était couverte seulement par la muraille de Philippe-Auguste qui fut conservée jusqu'à Henri III. Derrière ces enceintes les bourgeois de Paris ont souvent repoussé les efforts de leurs ennemis.

L'extension et les embellissements de la capitale encombrèrent les remparts. Louis XIV, au milieu de ses conquêtes et de ses projets pour étendre la domination française jusqu'au Rhin, fit raser ces bastions qu'avait élevés la sagesse de Sully et de Richelieu ; il les remplaça par des portes triomphales. Le siége de Vienne où la noblesse française était allée combattre pour la défense de l'Europe, et les pertes qui accompagnèrent la paix de Riswick, éveillèrent l'attention de quelques bons esprits et surtout de Vauban. Vers 1698, il développa dans un Mémoire la nécessité de fortifier la capitale. Son projet se ressent, dans quelques unes de ses dispositions, de la situation politique de Paris, entièrement différente de celle où nous nous trouvons depuis cinquante ans. L'ingénieur Thomassin, attaché à Vauban, nous fait connaître dans ses Mémoires le vif intérêt que le maréchal portait à ce projet.

Quelques années plus tard (1705), le grand ingénieur soumit ses plans à Louis XIV. Le monarque commençait à subir la loi des hautes adversités qui ébranlent les trônes; il ne voulut ni inquiéter ses peuples par des travaux tardifs, ni encourager ses ennemis. D'ailleurs, la guerre n'avait pas encore acquis ces funestes perfectionnements qui la portent au sein d'un État avec la rapidité de la foudre. Paris ne fut pas fortifié. Après une lutte de douze années, la rupture de la Coalition sauva la Monarchie.

Un siècle s'écoula dans une paix peu honorable pour le royaume. Depuis 1712 jusqu'à 1792, le canon n'avait pas tonné près des terres de France. Lorsque les armées de la Coalition franchirent les frontières, rien n'était prêt, rien n'était organisé. Le peuple français s'émut, courut aux armes et improvisa les moyens de résistance révolutionnaire. La plaine de Saint-Denis fut couverte de retranchements; les hommes, les armes, le canon, arrivèrent de tous côtés autour de Paris; en quelques jours, la plupart des édifices se changèrent en ateliers. L'effervescence, qui s'était emparée des esprits, fut portée à son comble lorsqu'on proclama le manifeste de Brunswick; le peuple assaillit le château. Bientôt, à la nouvelle de l'entrée des troupes ennemies sur le territoire et de la reddition de Longwy, les prisons furent violées; des hommes féroces se livrèrent à toutes sortes de violences et d'atrocités. Deux années s'écoulèrent au milieu des mesures les plus terribles et de défaites multipliées qui excitaient la fureur populaire.

Après de longues années de guerre, la grande armée alla venger, sur les capitales de l'Europe, les menaces dont Paris et la France avaient été l'objet. La vue de Vienne, le passage du Danube, les calculs d'Austerlitz, saisirent vivement la pensée de Napoléon; et dès ce moment, il conçut le projet de fortifier Paris. Mais il dut pendant plusieurs campagnes maintenir la défensive au milieu des États qui ne cessaient de l'attaquer. Au jour funeste de l'adversité, n'ayant d'autre force qu'une poignée de soldats et le prestige de l'opinion, il ne voulut pas le briser. Alors la trahison et l'indifférence paralysèrent tout. L'Empereur donna, pour la défense de la capitale, des ordres que je regrette de ne pouvoir détailler ici; ces ordres ne furent pas exécutés. Tout nous manqua aux portes de Paris pour les plus simples opérations de la guerre. Lorsque les ennemis parurent devant la capitale, ils ne trouvèrent pas même l'ombre d'une défense, qui, en faisant gagner quelques heures, aurait donné au sauveur le temps d'arriver.

En 1815, la fortification de Paris fut le premier soin de l'Empereur. Il s'occupa d'abord de la rive droite, de la partie qui était alors la plus menacée, l'ennemi se rassemblant à Bruxelles et à Namur. La rive gauche, entamée seulement, fut négligée pendant que nous combattions à Waterloo, comme pour donner à l'étranger un gage, et les moyens d'exécuter cette marche qui sans cela eût été si fautive, et qui servit de prétexte à la capitulation de Paris.

Ainsi un heureux hasard sauva l'antique monarchie de Louis XIV. Le peuple français ne put se défendre en 1792 qu'avec des mesures révolutionnaires. Enfin, le plus glorieux, le plus puissant Empire succomba parce que la Capitale ne put être défendue pendant quelques heures. Profitons des leçons de l'histoire, et organisons la résistance avant les extrêmes dangers.

Napoléon a écrit à Sainte-Hélène, sur les événements de 1815 et sur la fortification de Paris, le *Livre IX des Mémoires pour servir à l'histoire de France*, le plus authentique de ses ouvrages et le véritable manuel de tous ceux qui s'occupent de la défense de la patrie.

Les catastrophes de 1814 et de 1815 avaient convaincu tous les esprits éclairés de la nécessité de fortifier Paris. Celui qui alors était à la tête des ingénieurs de la France et même de l'Europe, le général Haxo, établit un projet fort détaillé d'enceinte continue, bastionnée, dont tous ses amis eurent connaissance, et dont il m'autorisa à publier quelques données, à l'occasion de la courte défense de Vienne en 1809 (1). Une partie de ses collègues dressèrent également des projets d'enceintes bastionnées ; l'excellent travail du général Valazé a obtenu une grande publicité.

Nous devons remarquer dans les dispositions des quatre enceintes de Vauban, de Napoléon, d'Haxo et de Valazé, une concordance qui n'étonnera personne, puisqu'ils étaient soumis aux lois du même terrain. Cette concordance est un argument puissant en faveur de la proposition.

La haute pensée de la fortification de Paris ne pouvait échapper au maréchal Saint-Cyr ; elle présida à la création de la Commission de défense, en 1818 (2). Dès la première séance, le général Marescot annonça que la *défense particulière de Paris était la question principale et la base du système à établir*. La Commission pensa qu'elle ne pouvait s'en occuper qu'après avoir étudié et arrêté la défense générale du royaume. Le 20 juillet 1820, elle adopta l'avis que Paris devait être couvert par des ouvrages détachés, établis sur quelques uns des points dominants qui l'environnent, combinés avec l'enceinte continue déjà existante, renforcée au moment du danger par des constructions passagères. Il faut observer que le mur d'octroi, adopté par cette commission, touchait presque immédiatement aux ouvrages détachés qu'elle voulait élever à

(1) Voir la *Campagne de* 1809 publiée en 1824 ; tome II, pages 155 et 316.

(2) Elle était composée des généraux Marescot, président, Dessolles, Mathieu Dumas, Valée, Ruty, Guilleminot, Maurcillan, Dode, Chambarlhiac, Andréossy, Pelet et Saint-Cyr-Nugues. Voyez à la page 38 la décision sur Paris.

Belleville, Montmartre, Chaillot, Montrouge.... L'admission de ce mur était moins blâmable dans ce système, que dans ceux qui portent les ouvrages à plusieurs milliers de mètres en avant.

Je protestai contre cette décision (1). Les ouvrages proposés par la Commission dominaient immédiatement les habitations de Paris, et pouvaient inquiéter gravement la population. Je substituais à ce projet une enceinte continue et bastionnée, fort éloignée des habitations; j'appuyais ma proposition sur deux systèmes d'attaque et de défense générale du royaume, pour les deux hypothèses de Paris fortifié par une enceinte continue ou par des ouvrages détachés. Peu après, deux de mes collègues, les généraux Guilleminot et Saint-Cyr-Nugues, adhérèrent à mon opinion en faveur de l'enceinte bastionnée. Je dois ajouter que, depuis ce moment, des progrès ont été obtenus dans la pyrotechnie appliquée à l'artillerie, progrès que l'on a pourtant exagérés.

En 1830 et 1831, au moment où des bruits de guerre agitèrent la France, le maréchal Soult fit construire l'excellent camp retranché de Noisy-le-Sec, appuyé sur la Marne à Nogent et sur la Seine à Saint-Denis. La nécessité de fortifier spécialement Paris se fit également sentir. Les discussions et les difficultés qui surgirent alors sont présentes à tous les esprits; je n'ai pas besoin de les rappeler.

Le travail de la Commission de 1818 avait été envoyé au Comité des fortifications, pour qu'il émît son avis sur les propositions qui s'y trouvaient énoncées. Un grand nombre de dissidences était résulté de cette

(1) Voir la CLXXV[e] livraison du *Spectateur*, 15 octobre 1840, page 5.

révision. Une nouvelle Commission, dont le ministre de la guerre (le général Bernard) se réserva la présidence, fut instituée en 1836, pour donner une décision définitive (1). Dès sa quatrième séance, le 15 avril 1837, le général marquis de Caraman, chargé de faire le rapport sur la défense de l'intérieur et de la capitale, proposa d'envelopper celle-ci d'une enceinte bastionnée continue. Le rapporteur ajoutait : « Il y a bien plus » de chances de tirer parti de 40 à 50,000 hommes ar» més, que Paris comprend au moins dans son im» mense population, sur des remparts élevés, inacces» sibles à toute attaque de vive force, à portée des » familles et des propriétés des défenseurs, que dans » des forts détachés et isolés, où l'on décidera difficile» ment les citoyens à s'enfermer (2). »

La discussion de ce point important ne commença qu'au mois d'avril 1838; elle fut longue et solennelle. Le général de Lignim, qui avait remplacé M. de Caraman lors de son départ pour l'Afrique, et qui d'abord avait adopté pleinement toutes les propositions de son savant prédécesseur, fut chargé, le 5 juillet, de formuler un dernier avis. Sa rédaction, qui n'entrait nullement dans les vues de la Commission, fut complétement modifiée. Le lendemain 6, nous arrêtâmes la résolution définitive sur la fortification de Paris qui, revue une dernière fois lors de la discussion générale du rapport final le 12 mars 1840, ne reçut alors que quelques mots d'amendement (3).

(1) Elle était composée des généraux d'Anthouard, vice-président, Rogniat, Charbonnel, Guilleminot, Delort, Dode, Saint-Cyr-Nugues, Pelet, de Caraman, de Lignim, et du colonel Koch, secrétaire.

(2) Un extrait de cet excellent rapport, inséré dans la livraison de février du *Spectateur*, a été distribué à la Chambre des pairs.

(3) Voyez à la page 39 la décision du 6 juillet 1838 et l'amende-

Le travail de la Commission de 1836 a acquis, par la sanction que lui a donnée le gouvernement et par les débats de la Chambre élective, une telle autorité, qu'il importe d'établir d'une manière claire, l'ordre et la nature des ouvrages qu'elle a proposés dans son avis sur la fortification de la capitale. — 1° Elle consigne dans son premier article l'adoption d'une muraille d'enceinte flanquée, avec bastions et fossés partout où le besoin s'en fera sentir, assez haute pour être à l'abri d'une escalade, assez épaisse pour ne pouvoir être ouverte qu'avec des batteries de siége. — 2° Elle demande qu'il soit construit en avant et autour de cette enceinte, notamment sur la rive droite de la Seine, des ouvrages en état de soutenir un siége et fermés à la gorge, afin d'éloigner les batteries incendiaires, et de protéger les forces défensives que les circonstances auraient amenées sous Paris. — 3° Elle veut qu'en cas de guerre, on construise des ouvrages de campagne pour ajouter à la résistance des précédents et assurer leurs communications. — 4° Elle estime que les ouvrages construits en 1831 depuis Nogent-sur-Marne jusqu'à Saint-Denis, peuvent être défendus, si la force du corps défensif lui permet d'embrasser un front aussi étendu; il suffirait alors d'effacer le terrassement de leur gorge et de le remplacer par des palissades.

Telles sont les dispositions arrêtées le 6 juillet 1838 et le 12 mars 1840. Il résulte clairement de leur énoncé

ment du 12 mars 1840. J'ai dit souvent à la Commission de défense : «La force des choses, les besoins de la défense, la configuration du terrain, l'emporteront sur toute espèce de projet purement systématique; vous serez obligés de bastionner et de terrasser l'enceinte de sûreté telle qu'elle est adoptée par la Commission..... » (*Procès-verbal du 6 juillet 1838.*)

que la Commission a voulu l'enceinte d'abord, ensuite quelques ouvrages avancés, après cela des retranchements et la simple conservation du camp retranché de Noisy-le-Sec.

Une question de *priorité* pour la construction de l'une ou l'autre partie de l'enceinte fut élevée le 5 juillet 1838. Il convient de l'examiner de bonne foi. Avant ce moment personne n'en avait parlé ; elle fut proposée à la fin de cette longue séance ; une faible majorité se prononça pour la priorité des ouvrages avancés sur la rive droite de la Seine. Le lendemain 6, tous les points de la question relative à Paris furent discutés une dernière fois. La décision formelle fut rédigée en quatre articles; nulle mention ne fut faite de cette priorité.

Au bout de vingt mois, le rapport final fut présenté à la Commission. La décision du 5 juillet 1838 sur la priorité avait été ajoutée dans le rapport final à celle du 6 juillet, et formait un cinquième article. Le 12 mars 1840, la discussion sur la fortification de Paris fut reprise et adoptée en quatre articles. Le cinquième article fut débattu et annulé. Mais la Commission ne voulant pas revenir sur son ancienne décision sans un motif quelconque, la question gouvernementale, pour la solution de laquelle la Commission n'avait pas tous les éléments nécessaires, fut proposée et insérée comme motif dans la rédaction. Ainsi cette question de priorité, qui a été annulée, ne s'appliquait réellement qu'aux ouvrages détachés de la rive droite.

La Commission posait des principes, formulait des programmes et ne pouvait entrer dans les détails des projets. Dominée par la grande quantité de points soumis à ses décisions, effrayée par les dépenses qui devaient en résulter, bornée dans l'expression même de ses vœux, elle ne pensait pas que les pouvoirs de l'État se décideraient, dans un moment aussi rapproché, à entreprendre la fortification de Paris. Elle avait donc resserré autant que possible les limites du programme qui concernait la capitale ; pourtant elle ne cessait d'en reconnaître la nécessité dans la discussion de chaque point des frontières ou de l'intérieur. Désespérant d'obtenir l'immense résolution relative à Paris, elle s'attachait à fermer toutes les trouées qui y conduisent; elle multipliait ainsi des fortifications qu'elle aurait volontiers abandonnées toutes pour celles de la capitale. Mais elle répétait constamment que la sécurité et la défense du royaume résidaient dans la fortification de Paris et de Lyon.

Les auteurs de toutes les enceintes bastionnées étaient soumis aux mêmes préoccupations. Voilà pourquoi les généraux Haxo, Valazé et les membres de la Commission, resserraient leur enceinte dans les limites d'environ 80 fronts. Alors l'utilité, la nécessité de quelques ouvrages avancés se faisait vivement sentir pour occuper quelques points essentiels et rapprochés qu'on laissait en dehors, indépendamment de Saint-Denis et de Charenton que réclamait l'échiquier extérieur. On laissait à l'avenir le soin de ces travaux, qui étaient d'une moins grande urgence.

Il faut pénétrer plus avant dans les pensées de la Commission, après avoir constaté la situation où elle se trouvait. L'article 1er demande des bastions, des fossés, des terrassements, non pour toute l'enceinte, mais là *où le besoin s'en fera sentir*, parce qu'effectivement, dans un aussi grand développement, il y a toujours des parties sur lesquelles le *maximum* de défense n'est pas nécessaire.

Dans l'article 2, elle propose, *notamment à la rive droite de la Seine*, sur tous les points les plus favorables à la défense, des ouvrages en état de soutenir un siége, et fermés à la gorge. La réserve relative à la rive droite prouve que la Commission ne croit pas les ouvrages également nécessaires sur tous les points; la simple fermeture des gorges caractérise leur nature et interdit tout rempart intérieur, évidemment inutile.

La Commission veut, dans l'article 3, que l'on construise, en cas de guerre, des ouvrages passagers pour ajouter à la résistance des forts permanents et pour assurer leurs communications ; ce qui prouve de nouveau que les forts ne doivent être ni très nombreux, ni très rapprochés les uns des autres ou de la ville.

Enfin, elle conserve, seulement comme première ligne de défense, les ouvrages construits en 1831, pour être occupés si la force du corps défensif lui permet d'embrasser un front aussi étendu ; mais elle ajoute qu'il faudrait effacer le terrassement de leur gorge et le remplacer par une palissade. Ainsi, la Commission exclut toute fortification permanente à une aussi grande distance de Paris; elle ne veut pas même de terrassement à la gorge.

Ces explications étaient nécessaires, non pour prouver que les partisans de l'enceinte continue n'avaient pas abandonné leurs anciennes convictions, mais pour dissiper les nuages que pouvaient élever, chez les hommes de bonne foi, les assertions inexactes produites à la tribune de la Chambre des députés, et dans une grande quantité de brochures qui sont répandues en ce moment. Il importe de bien faire connaître l'esprit et les détails de ces décisions, au moment où une nouvelle discussion va s'ouvrir devant la Chambre des pairs.

Le travail de la Commission de défense fut présenté au Roi le 16 mai. Bientôt un événement grave vint agiter l'Europe. Un sentiment louable de dignité nationale fit arrêter soudainement de grandes mesures. Le gouvernement résolut de fortifier Paris ; plus cette fortification demandait de temps, plus il fallait se hâter de la commencer. Le ministère appela des hommes qui méritaient, à tous égards, l'honneur d'être chargés de cette haute entreprise ; le public applaudit à ce choix. La question était mûrie depuis long-temps ; les travaux furent bientôt préparés. Le Roi donna un généreux exemple, et livra le terrain de ses parcs aux fortifications ; la population, imitant le souverain, se prêta aux expropriations. Aucune réclamation ne fut élevée. On se mit à l'œuvre. Dans une soixantaine de jours, le quart de l'enceinte fut presque en état de recevoir de la maçonnerie.

Il est facile de reconnaître que la loi proposée à la Chambre des pairs, est l'application du programme qu'avait donné la Commission de défense en 1838 ; mais c'est une application digne des grands pouvoirs de l'État, qui ne pouvaient pas se laisser arrêter par une économie trop sévère, ni par des théories trop strictes. L'enceinte bastionnée a été adoptée pour tout le développement, avec les forts avancés que réclamaient les exigences du terrain et la sécurité complète des habitants. Mais l'enceinte s'est agrandie d'environ un quart et, s'éloignant des masses d'habitation, a écarté les plus grands dangers des bombardements. Ce système de défense uniforme augmente un peu les dépenses; mais, donnant partout la sécurité, il permet de diminuer le nombre et la force des ouvrages avancés.

Rien ne facilitera la solution du problème autant que l'établissement bien net de ses conditions. Le principe fondamental de la défense de Paris est que, dans un pays belliqueux, dévoué, intelligent comme la France, sous un gouvernement national et représentatif, la population ne doit pas être exclue de l'honneur de défendre la patrie dans les périls imminents. Sous l'ancienne monarchie, l'arrière-ban de la noblesse accourait, avec plus de zèle que d'utilité, sur les champs de bataille; la bourgeoisie défendait les forteresses, et remplissait les cadres de la milice. Le grand roi, qui écrivait à Vauban : « Soyez tranquille, je ne » ferai jamais qu'une paix nationale, » mandait aussi à Villars : « Si vous êtes battu, écrivez-le-moi; je traver» serai Paris, votre lettre à la main; je vous amènerai » 50,000 hommes pour combattre et périr avec vous. » On n'a pas besoin, ce me semble, de discuter aujourd'hui ce principe fondamental de notre défense. Qui oserait le méconnaître et le contester? Ainsi, l'armée disputera le pays pied à pied; la partie active de la garde nationale défendra les remparts de Paris, pendant que ses vétérans maintiendront l'ordre dans l'intérieur.

Il est inutile de rappeler ici ce que j'ai dit ailleurs, ce qui a été si souvent répété : Paris est le cœur et la tête de la France, le foyer vital de cette vaste centralisation qui a maintenu le pays, pendant cinquante années de révolutions, au milieu de l'Europe ennemie;

Paris est la clef de toutes les lignes défensives du royaume, depuis la Meuse jusqu'à la Manche (1) ; enfin, cette situation donne à la capitale une influence si considérable, que sa reddition a deux fois causé la ruine de la France et du gouvernement que la nation s'était donné.

Mais il convient de rappeler sommairement que cette immense ville voit devant elle, à 50 lieues de distance, la Confédération germanique qui vient d'envahir le Luxembourg ; que la frontière de l'Allemagne est à une distance double vers l'orient; qu'à 130 lieues vers l'occident, se trouvent Brest avec la Bretagne, Nantes, Rennes, etc. ; enfin, que derrière Paris jusqu'aux Pyrénées et à la Méditerranée, s'étendent 200 lieues de pays riches, fertiles, remplis d'une population laborieuse, vaillante, patriote, renfermant Lyon, Toulon, Marseille, Toulouse, Bordeaux.... Faut-il qu'un royaume aussi vaste, aussi puissant, soit compromis, soit perdu, parce que l'ennemi en a traversé la cinquième partie et occupé un seul point? N'avons-nous pas vu Lisbonne situé à l'extrémité du Portugal, Cadix devenu la capitale de l'Espagne, sauver par une résistance facile les deux royaumes de la Péninsule?

Lorsqu'une armée considérable, partant des bords de la Meuse, menace la capitale dénuée de défense, il faut que l'armée défensive néglige ou abandonne les frontières de l'Est, l'Alsace, la Lorraine, la Franche-Comté.... Paris ne peut appeler à son secours que les renforts et la population de Nevers, Bourges, Tours, Caen et du Mans. Si l'invasion s'étend de la Meuse au

(1) Voyez la carte ci-jointe.

Rhône, toute la partie méridionale et occidentale de la France reste étrangère à la défense. Enfin Bayonne, Perpignan, Marseille, Antibes... sont aussi éloignés de la capitale du royaume que Milan, Munich , Baireuth, Hanôvre , Bremen... Devons-nous ajouter qu'à l'époque où Paris était couvert par la frontière du Rhin, formant une belle ceinture fortifiée, éloignée partout de cent lieues, la situation, les dangers, les rapports de cette ville avec la France étaient tout-à-fait différents?

Il faut détruire une erreur généralement répandue. On est habitué depuis des siècles à considérer Paris comme menacé principalement du côté du Nord, et à s'occuper de la rive droite de la Seine bien plus que de la rive gauche. Il faut établir les rapports qui existent pour la défense entre les deux bords du fleuve. La partie de cette frontière comprise entre la Manche et la Meuse est couverte, du moins momentanément, par la neutralité de la Belgique. Mais le territoire germanique s'avance non loin des bords de la Meuse. En 1814, les colonnes de la Coalition, partant de cette longue base de Cologne à Genève, se dirigèrent sur Paris ; elles y arrivèrent par les routes de Meaux, de Provins, de Fontainebleau. Si l'Europe armée veut tenter encore une grande entreprise sur la capitale, elle suivra toutes les directions du nord au sud-est. Probablement elle s'avancera par les deux rives de la Seine et de la Marne, afin de choisir le côté qui convient le mieux à ses plans d'attaque. De là suit l'obligation d'être également fort sur les deux rives.

Il me semble que, d'après la situation actuelle de la capitale, les conditions du problème doivent être ainsi posées :

1° Il faut avant tout que Paris possède, non seulement la force réelle, mais la force d'opinion qui donne à ses habitants la confiance de résister à l'ennemi, qui ôte à celui ci tout espoir d'enlever la capitale par un coup de main, qui lui impose la conviction qu'il faut, pour l'attaquer, un siége régulier.

2° La défense de Paris doit être préparée, organisée méthodiquement à l'avance, afin que, dans les moments de crise, on ne puisse pas susciter des inquiétudes réelles ou exagérées, et faire des appels aux passions souvent terribles de la multitude, afin que les âmes généreuses, qui ne veulent pas capituler, ne soient pas obligées de recourir aux moyens violents et irréguliers.

3° La force de l'enceinte doit être égale sur les deux rives, proportionnellement aux terrains qu'elle occupe; car s'il se trouve quelque partie moins forte que les autres, on l'aura bien vite reconnue, et la fortification perdra de la valeur d'opinion qui lui est si nécessaire.

4° Dans un moment de surprise, Paris doit pouvoir se défendre passivement sans le secours de l'armée, avec la garde nationale, les dépôts, les vétérans, les invalides, que cette ville renferme toujours dans son sein.

5° Paris doit assurer aux armées défensives l'entière liberté de disputer pied à pied la frontière du Nord et de l'Est, de s'y *cramponner*, de manœuvrer sur les flancs et les derrières des armées ennemies, de se réunir contre l'une d'elles et de l'accabler, d'accepter ou de refuser la bataille, de marcher au-devant de ses renforts, de ses réserves. Paris doit aussi assurer un appui solide aux forces défensives qui seraient poursuivies par un ennemi victorieux, et aux détachements accourant de toutes parts pour s'organiser sous ses murailles. Il doit enfin laisser à la nation le temps de se lever en masse, et de lancer des essaims de corps francs contre les armées d'invasion.

6° La capitale forme ainsi un foyer central de résistance, d'organisation nationale; elle se lie le plus entièrement, le plus directement possible, à la défense générale du royaume; elle l'accroît, la prolonge et lui imprime la plus grande activité.

Voilà ce que le pays attend de la fortification de Paris. Toutefois, il ne veut pas que la capitale devienne une place de guerre assujettie à toutes les servitudes, exposée à soutenir un siége véritable ou un blocus trop prolongé. Il n'exige pas d'elle cet absolu dévouement qu'ont manifesté avec tant d'éclat, à diverses époques, des villes populeuses, riches, manufacturières, resserrées dans leurs remparts, Lille, Valenciennes, Metz.... La France demande à la population parisienne de faire un service peu dangereux sur les bastions, à quelques milliers de toises de ses habitations; elle demande à Paris du temps, ce grand élément de toute chose, afin que, n'étant pas surprise par une agression soudaine, elle puisse appeler à sa défense ses enfants les plus éloignés, et tenter toutes les ressources de la politique qui, en un instant, change quelquefois les destinées et la face de l'Europe.

Quel est maintenant le système qui remplira le mieux ces conditions, qui établira le plus solidement dans l'esprit de la France et de l'étranger ces convictions qu'il nous importe de fonder? On peut en distinguer trois : deux de théorie pure, le troisième d'application ou de conciliation, qui réunit les deux autres.

Examinons successivement ces divers systèmes : l'*enceinte bastionnée;* les *ouvrages détachés*, avec ou sans le mur d'octroi ; l'*enceinte bastionnée avec les ouvrages avancés* reconnus nécessaires, c'est-à-dire le projet de loi, qui laisse, dans l'article 2, la plus grande latitude relativement à ces derniers.

L'*enceinte continue et bastionnée* offre au plus haut degré la force réelle et morale, avec une économie bien constatée. Elle arrête, par une puissance presque insurmontable, les troupes les plus aguerries, et frappe par sa simplicité les esprits les plus bornés. Il ne faut pas comparer cette fortification à celle des autres places, qui, façonnées pour soutenir toutes les chicanes d'un siége, surchargées d'ouvrages multipliés, exigent des dépenses énormes, et présentent aux yeux peu exercés un labyrinthe inextricable.

Lorsqu'on parcourra un jour ces remparts, tout le monde verra que leur élévation rend l'escalade impossible et assure au feu de la place l'avantage de la domination ; que, d'après la disposition des lignes, il n'est pas un point de la muraille qui ne soit atteint par l'artillerie et la fusillade des défenseurs ; qu'aucune partie des ouvrages n'est enfilée de la campagne, tous les prolongements étant presque parallèles à l'enceinte. On reconnaîtra en même temps que ces fortifications, si redoutables au-dehors par leur escarpement et leurs fossés, sont dénuées de toute puissance vers l'intérieur.

Ces larges remparts, ces longues lignes droites plantées d'arbres, entoureront Paris de belles promenades; les parapets rabattus pour être relevés à l'approche du danger, seront bordés de haies utiles à la défense. Chaque partie de l'enceinte portera le nom des légions chargées de leur garde. Quelques pièces, placées de loin en loin aux saillants et sur les flancs, serviront à l'instruction des jeunes Parisiens, qui apprendront de père en fils la valeur de ces remparts formidables. Ils vivront dans la pensée que leur devoir est de défendre cette enceinte qui préserve la capitale de l'invasion, qui est en même temps la citadelle de la France. Au moment du danger, ils n'iront pas chercher ailleurs l'appui qui doit les protéger, et la valeur des enfants de Paris ne démentira jamais la renommée qu'ils ont acquise sur tant de champs de bataille.

Les ennemis de la France n'ont pas toujours montré une excessive bonne foi dans leurs négociations, qui trop souvent couvraient des préparatifs d'agression. Avec l'enceinte continue, la capitale est préservée de toute surprise. Pendant des semaines, les remparts tireront seuls contre l'ennemi, qui sera dans l'impossibilité de leur répondre. On n'aura à redouter, pendant ces précieux retards, qu'un blocus peu efficace sur un aussi grand développement.

Il est reconnu que, depuis un siècle et demi, l'attaque des places l'emporte sur la défense, et qu'à moins de circonstances bien extraordinaires, celle-ci finit d'une manière à peu près certaine dans un temps donné. Mais la supériorité de l'attaque diminue à mesure que les places deviennent plus grandes; elle cesse même lorsque les fronts de l'attaque et de la défense sont égaux et parallèles, comme cela arriverait devant Paris. Sur la majeure partie de l'enceinte, l'attaque se trouvera en face de lignes droites (1). Quand

(1) Il existe dans le tracé de l'enceinte quelques parties saillantes; mais il sera facile de compenser le désavantage qu'elles présentent, relativement aux lignes droites, par quelques dispositions extérieures.

elle voudra se prolonger sur les fronts latéraux pour chercher quelques enfilades fort difficiles, elle rencontrera d'autres fronts qui l'obligeront à s'étendre au loin parallèlement, sans obtenir aucun des avantages qui donnent la supériorité aux assaillants. Ce n'est pas tout. Des calibres énormes et d'une puissance formidable ont été remis en usage. Paris pourra en être muni, tandis que l'ennemi en sera dépourvu. Nouvelle supériorité pour la défense; nouvelle difficulté pour l'attaque.

Quel matériel exigerait un tel siége? Afin de ne pas tomber dans l'exagération, consultons les souvenirs de l'histoire. Turin fut assiégé en 1706. C'était aussi une capitale; sa résistance sauva le Piémont, et nous fit perdre la Lombardie. Il fallut conduire au travers des Alpes, malgré de très grandes difficultés, 231 pièces de canon avec des milliers de voitures, de chevaux, etc.; on n'attaqua pourtant que deux fronts bastionnés à peu près isolés. Pour le siége de Valenciennes, en 1793, les Autrichiens amenèrent 342 pièces. Prenons un exemple plus récent : l'armée française a conduit 147 pièces devant la citadelle d'Anvers, qui ne présentait guère plus de développement que l'un des forts pentagonaux du projet. Quatre à cinq cents bouches à feu semblent donc indispensables pour les diverses attaques de Paris, puisque nous devons compter aussi le siége de quelques forts, devant lesquels un certain nombre de pièces seraient bientôt mises hors de service.

Ces opérations sont d'autant plus difficiles et dispendieuses qu'elles s'exécutent dans des pays plus éloignés de la puissance attaquante. Lorsque nous assiégions des places en Espagne, dans les provinces rapprochées des Pyrénées, les projectiles, apportés de Metz et de Strasbourg, revenaient à des prix exorbitants. D'où l'ennemi tirerait-il cette énorme quantité de bouches à feu et de projectiles nécessaires à l'attaque réelle de Paris? Les considérations du siége et les retards de l'invasion refroidiraient beaucoup l'ardeur des petites cours, qu'on voudrait liguer de nouveau contre la France. D'un autre côté, les grands États sont bien éloignés pour fournir cet immense attirail. Il est vrai qu'une puissance voisine, possédant beaucoup de richesses et une prodigieuse industrie, s'est toujours montrée prête à fournir des armes contre la France.

Paris, entouré d'une enceinte bastionnée, est très intimement lié à la défense du royaume, et l'augmente considérablement. J'ai divisé jadis les pays frontières en *trouées* et en *masses* de résistance. Dans la situation où la capitale se trouvait alors, les armées devaient nécessairement occuper les trouées, pour fermer les entrées qui conduisaient à l'intérieur ; elles tenaient la campagne en face de l'ennemi, quelles que fussent les forces respectives, et se reployaient enfin sur la capitale. Désormais, les armées défensives pourront s'établir dans ces masses hérissées de forteresses ; elles désoleront les lignes d'invasion ; elles prendront en flanc ou par derrière les armées étrangères qui voudront pénétrer en France, les arrêteront, et pourront même les attaquer avec succès. Il faudra donc que l'ennemi se décide à combattre nos armées établies dans des positions inexpugnables, sous le canon de nos places. Il aura ensuite plusieurs siéges à faire, afin d'occuper les forteresses qui ferment les principaux passages; car il ne pourrait faire marcher ses immenses parcs avant d'être maître de la campagne.

L'influence de Paris sur la force défensive de la France sera telle, qu'on pourra opérer sans crainte une diminution considérable sur le pied ordinaire de l'armée française. Alors, les dépenses de l'État seront fort diminuées, et ses richesses accrues; car le travail de la population s'augmentera par la rentrée d'une partie des hommes qui languissent dans l'oisiveté des garnisons. Avec une bonne loi organisatrice des forces militaires, un régime de réserve, de sages règlements sur le service intérieur et un emploi modéré de la garde nationale, il sera possible de réduire des deux cinquièmes la force des troupes habituellement sous les armes.

Il résulte évidemment de tout ce qui précède que l'enceinte bastionnée seule satisfait aux premières conditions du problème, c'est-à-dire qu'elle assure Paris et sa population contre une attaque de vive force, et donne aux gardes nationales, seules ou avec quelques troupes, les moyens de soutenir une résistance passive, enfin qu'elle se lie parfaitement avec la défense générale du royaume.

Le *système des ouvrages détachés* est toujours resté dans le vague. Le général Rogniat déclarait à la Commission de défense qu'il n'avait jamais arrêté son projet relativement à la nature, à l'emplacement des ouvrages, et aux améliorations que devait recevoir le mur d'octroi. Pourtant ce que l'on connaissait de son système en 1831 justifiait complétement toutes les réclamations qui s'élevèrent. Le projet du général

Bernard fut communiqué aux Chambres sur un très petit plan qui indiquait à peine l'emplacement des ouvrages, et ne pouvait pas être regardé comme un document suffisant.

Le système du général Bernard avait un vice particulier, dans l'application qu'il en faisait aux dispositions générales et aux manœuvres de la défense. Suivant lui, il fallait préparer, en avant de Paris, un formidable champ de bataille, où devaient se reployer successivement les armées défensives, qui se tiendraient constamment entre l'ennemi et la capitale. Là elles livraient un dernier combat; et si la fortune des armes était contraire, elles s'ensevelissaient glorieusement avec tous les pouvoirs de l'État, sous les débris de la monarchie. Funeste préoccupation qui, dès l'ouverture de la lutte, lui assignait son terme fatal, qui sacrifiait à la conservation d'un seul point tous les départements frontières, qui semblait appeler à un rendez-vous commun toutes les forces de l'Europe coalisée, qui livrait enfin à une seule chance les destinées de la France !

Les forts *extérieurs* et *permanents* mentionnés avec ces désignations dans le cours de la dernière discussion, sont très différents, quoiqu'on ait soutenu qu'ils présentaient une parfaite identité; les forts extérieurs du projet de loi sont des ouvrages avancés qui dépendent d'un système solide et dont l'objet est bien déterminé. Ce qui les concerne trouvera sa place dans les développements relatifs au système mixte.

L'amendement présenté à la Chambre des députés par le général Schneider, demandait *une ceinture d'ouvrages permanents* construits aux environs et sur les abords de la capitale..., le *renforcement* et le *flanquement*, partout où besoin serait, du mur d'octroi. Ces ouvrages formant une ceinture, remplaçaient l'enceinte et constituaient la défense; ils différaient entièrement des autres sous les rapports de leur nature, de leur position, de leur rapprochement. C'étaient nécessairement de petites places complètes, également fortes sur tous les fronts, qui ne recevaient pas plus de protection de l'enceinte de sûreté, qu'elles ne pouvaient lui en donner. Il y a long-temps que Cormontaingne a dit : *Petite place, mauvaise place;* et que celles-ci sont désignées par les ingénieurs sous le nom de *puits*, dans lesquels tombent tous les projectiles.

On avait espéré donner une couleur libérale à cet amendement par la limite de 4,000 mètres qui était imposée à la distance des ouvrages. Cette limite, présentée comme un avantage, était un véritable inconvénient pour la défense, car elle laissait en arrière des terrains qu'il est indispensable d'occuper. C''était un argument de tribune en faveur de la liberté, que les défenseurs de l'amendement prétendaient être attaquée par l'enceinte; mais l'observation de cette limite était matériellement impossible dans l'exécution. Cependant l'exposé qui accompagnait cet amendement renfermait des énonciations contradictoires avec la pensée principale. Il était dit qu'on adoptait le système des forts du gouvernement, qui n'étaient ni arrêtés ni étudiés, qui ne se trouvaient pas surtout placés à la distance fixée, ensuite que le nombre de ces forts pouvait être multiplié, enfin qu'il serait nécessaire d'en construire à la Villette, à Bagnolet, c'est-à-dire à 2,000 mètres du mur d'octroi actuel.

Un nouvel amendement, qui doit être, dit-on, présenté à la Chambre des pairs, remplace la limite de 4,000 mètres par une énonciation tellement vague qu'elle devra être exactement déterminée dans le rapport. Il s'agirait d'un périmètre indiqué seulement par quatre points : Charenton, Saint-Denis, mont Valérien et plateau d'Ivry : nouvelle espèce de triangle dont les côtés tirés en ligne droite passeraient à moins de 1,000 mètres du mur d'octroi. Il s'agirait aussi d'une muraille en forte maçonnerie, sans flanquement, sans fossés, sans terrassement, par conséquent exposée dans toute son élévation à la grosse artillerie, qui, placée à une centaine de toises, peut, en une ou deux heures, renverser une muraille de 1 m. 65 à 2 m.; d'une muraille ne pouvant se défendre ni de flanc, ni directement, par aucune espèce d'artillerie, ni même de fusillade. Ce serait, ajoute-t-on, une fortification telle qu'on aurait pu la proposer dans les temps primitifs et avant l'invention de la poudre. Encore à cette époque avait-on des fossés et des flanquements imparfaits pour découvrir le pied des murailles.

Les partisans des ouvrages détachés ont jusqu'ici été d'accord sur la nécessité d'établir entre ces ouvrages et Paris un obstacle continu plus ou moins fort, mais toujours capable de résistance. La Commission de 1818 voulait le mur d'octroi, renforcé au besoin par des constructions passagères, c'est-à-dire des redoutes ou des lunettes en terre. Le général Bernard conservait le mur, et employait, pour le mettre en état d'opposer quelque défense, toutes les ressources de son talent ; les plans, coupes et élévation des banquettes et des petits bastions qu'il y avait ajoutés, ont été distribués aux Chambres. Le général Rogniat voulait aussi améliorer ce mur, qu'il portait à 1 mètre d'épaisseur. Enfin, le général Schneider demandait dans son amendement que le mur d'octroi fût renforcé et flanqué où besoin serait. Au milieu de ces variations, l'unanimité a régné pour rendre cette faible barrière susceptible de quelque résistance; on voulait au moins la garnir de fusiliers qui pussent chasser les canonniers tirant à découvert, ou tentant de la renverser avec un baril de poudre.

Tous ceux qui ont proposé d'entourer Paris d'ouvrages détachés en reconnaissaient si bien les défauts et les dangers, qu'ils ont annoncé la volonté de barrer les trouées avec des retranchements de campagne. Les lignes seraient certainement tenaillées ou bastionnées comme les forts détachés. Qu'obtiendrait-on alors, si ce n'est une enceinte continue qui, au lieu d'être également forte partout, ne le serait que sur quelques points, et présenterait, dans les autres parties, des morceaux d'épaulement, de fossés, peut-être moins encore?

Qui peut se promettre qu'au moment de la guerre il aura le temps, les moyens d'élever ces retranchements? A-t-on oublié ce qui s'est passé en 1814 et en 1815? Ne peut-on pas être attaqué, surpris en quelques jours par des troupes qui franchiront rapidement une cinquantaine de lieues? D'ailleurs, ne dit-on pas depuis deux siècles : *ligne attaquée*, *ligne forcée?* Que l'on cite un seul exemple du contraire, même lorsque ces lignes étaient défendues par les plus grands hommes de guerre? Quand on reconnaît l'indispensable nécessité d'une enceinte médiocre derrière laquelle il faudra établir une armée, comment se refuserait-on à élever des fronts invincibles que la population pourra garder pendant que les soldats combattront au loin ?

Puisque l'on veut bien accorder quelque autorité aux décisions de la dernière Commission de défense, il semble que les meilleurs arguments contre tous les systèmes des ouvrages détachés consistent dans les deux faits suivants. La discussion des systèmes eut lieu dans cette Commission, sous le ministère du général Bernard ; les partisans des ouvrages détachés ayant été sommés à plusieurs reprises de déposer leurs projets afin que la discussion pût être nettement établie, le général Rogniat apporta, le 5 juillet 1838, celui du général Bernard, un peu plus développé qu'il ne l'était dans la présentation qui eut lieu en 1833. On demanda que ce projet fût mis immédiatement en discussion, afin que la Commission en fît justice à l'unanimité. Après l'échange de quelques paroles, le projet fut reployé, et on n'en parla plus.

Dans la séance de la Commission du 21 juin 1838, un argument fut dirigé contre tous les systèmes d'ouvrages isolés : c'était une attaque de vive force, faite en plein jour, à travers les intervalles des ouvrages, contre le mur d'octroi porté à une épaisseur de 3 pieds. Il est inutile d'entrer ici dans le détail de ce projet, qui se terminait par ces mots : « Il n'est pas un de nous qui » recevant l'ordre d'exécuter une pareille opération, » hésitât à l'entreprendre et ne fût assuré d'y obtenir » un plein succès. » Ce projet était à peu près le même que celui qui réussit trop bien à l'armée russe contre le camp retranché de Varsovie. Le comte Pahlen perdit 11,000 hommes dans cette attaque, mais il enleva la capitale de notre ancienne alliée.

Je ne pourrais reproduire et combattre toutes les objections, tous les reproches, qui ont été adressés aux deux systèmes, sans donner à ces pages une trop grande extension. Cependant je dois déclarer que rien n'a altéré ma profonde conviction de l'immense supériorité que je crois acquise au système que j'ai toujours défendu.

On reprochait à l'enceinte de 80 fronts d'emprisonner l'armée, comme si elle ne pouvait pas déboucher par cinq ou six portes, ainsi que nous l'avons fait par autant de faibles ponts sur le Danube, dans quelques heures de la nuit du 4 juillet 1809, avec 150,000 hommes. On lui reprochait, avec plus de raison, d'entourer seulement le périmètre de la capitale, d'exposer aux batteries incendiaires quelques points extrêmes des faubourgs, de ne pas saisir le terrain environnant, dont il convient d'utiliser les accidents et les avantages.

En effet, une armée leste et manœuvrière, suivie d'un équipage léger d'obusiers et de fusées-Congrève, pourrait s'avancer rapidement sur Paris, afin d'occuper Saint-Denis et Charenton, les collines de Rosny et de Châtillon. En s'établissant fortement dans les deux premières positions, elle bloquerait la capitale de très près, et dominerait les rives de la Seine. Par Rosny et Châtillon, elle serait maîtresse du plateau de Romainville, des hauteurs de Montrouge, d'où elle bombarderait quelques parties de la ville. Mais l'enceinte tracée au mois de septembre 1840, se rapprochant beaucoup de Charenton et de Saint-Denis, s'étendant jusqu'au centre des plateaux de Romainville et de Montrouge, obvie à ces inconvénients.

Détruisons rapidement les principales objections qui ont été élevées contre l'enceinte continue. Non,

Paris fortifié ne sera pas facilement bloqué; l'occupation des points extérieurs étendra considérablement les lignes du blocus; il sera bien difficile alors de les établir d'une manière rigoureuse au travers des quatre cours d'eau (Seine haute et basse, Marne, Oise), et des terrains accidentés qui environnent la capitale. Non, la ville ne sera pas menacée de la disette, pendant le temps qui lui est demandé pour armer le reste de la France; des calculs rigoureux ne permettent aucun doute à cet égard. Non, cette enceinte ne sera pas indéfendable à cause de son étendue, et sa sûreté ne dépendra pas de la trahison qui aurait livré une de ses portes; car au moyen d'un bon appareil de signaux, les défenseurs des fronts voisins et la réserve centrale accourront promptement sur les points menacés ou livrés à l'ennemi. Non, la dépense n'excédera pas la somme demandée; les calculs en ont été faits avec habileté et conscience. Dans la pensée du général Haxo, dans celles du Comité des fortifications et de la dernière Commission de défense, cette somme n'est pas même nécessaire lorsqu'on ne compte pas les établissements militaires, dont la dépense est à peu près invariable. Non, Paris fortifié suivant le système adopté dans le projet de loi ne sera jamais exposé aux bombardements (1). On répondra enfin à ceux qui veulent que l'on défende Paris au loin et par des mouvements d'armées, que la fortification protège et facilite les manœuvres, au lieu de les interdire.

(1) Suivant le *Traité sur les fusées-Congrève* traduit dernièrement par le capitaine d'artillerie T. Puillon-Boblaye, la portée totale des grandes fusées pour les bombardements est de 3,600 yards (3,276 mètres). Or les forts les plus rapprochés du boulevard neuf seront à 3,500 mètres.

Il est aisé de démontrer que le système des ouvrages détachés, même appuyé par le mur d'octroi ou par une fermeture analogue, ne remplit aucune des conditions du problème.

Le plus grave reproche que l'on puisse adresser à ce système, est son entière opposition au principe général de la défense nationale, d'après lequel la population armée doit intervenir dans la garde des places. Si la fortification de Paris consiste en ouvrages isolés, situés à une lieue des barrières, en retranchements de campagne, enfin dans le mur d'octroi, on ne pourra y placer que des troupes de ligne.

C'est un vice capital de n'offrir aux yeux de la France et de l'Europe ni force réelle et constatée, ni force morale. Dans les temps de crise, l'incertitude, le doute, sont de graves inconvénients. Avec les vastes brèches dont on exagèrera les dangers, ce système ne garantira nullement le maintien de l'ordre au moment où l'ennemi se présentera; il fournira aux agitateurs, aux hommes exaltés, mille sujets d'alarmes, de violences, de mesures révolutionnaires.

L'Europe armée n'ayant à effectuer qu'une irruption au milieu de la France et une attaque à coups d'hommes, marchera avec huit jours de vivres et les munitions d'un assaut. Ses masses pousseront devant elles, par des attaques ou des manœuvres, les armées défensives; et, il faut le dire, on résiste difficilement en rase campagne à des forces triples. L'ennemi, s'avançant vivement au milieu de ces larges trouées, exécutera son attaque l'épée à la main, contre les retranchements intermédiaires et contre le mur d'octroi.

Les forts peuvent aussi être méthodiquement annulés. Entourés facilement, pris d'enfilade et à revers par le canon de l'assiégeant, écrasés par les feux courbes, ils seront bientôt réduits au silence et rasés. Pour obtenir ces résultats, il suffit des batteries de réserve d'une armée, et de quelques pièces de gros calibre. L'ennemi n'entrera pas dans les forts, mais il passera auprès d'eux sans recevoir un boulet, et se portera en avant.

Ces ouvrages sont exposés à de graves accidents. Isolés de la place, ils doivent renfermer toutes les munitions nécessaires à la défense. L'explosion de l'un des forts laisserait une ou deux lieues de terrain entièrement ouvert aux colonnes de l'ennemi. Ce que l'explosion ne ferait pas, une trahison, celle d'un chef ou même d'un subalterne peut l'accomplir. Quelque rares que soient ces accidents, il faut en préserver Paris. Hâtons-nous d'ajouter qu'ils n'auraient aucune de ces conséquences dans une enceinte développée sur une très longue ligne.

Ce système, exposé sans cesse à des attaques violentes, ôte toute liberté d'action aux armées défensives, et les oblige à veiller constamment à la conservation de la capitale en abandonnant les pays frontières. Non seulement il n'est pas lié à la défense générale du royaume, mais il la paralyse complétement ; il annule en même temps l'armée active et les forteresses.

Plus on examine le système, plus on reconnaît les inconvénients multipliés des ouvrages, de leurs intervalles, de toute enceinte qui ne serait pas flanquée, terrassée, et précédée d'un fossé. Si les forts sont trop éloignés de la ville, les trouées deviennent énormes ; s'ils en sont trop rapprochés, les dangers du bombardement se présentent. Enfin ces forts isolés sont très difficiles à établir au milieu des accidents du terrain, tandis que la ligne bastionnée s'y ploie parfaitement.

Le projet de loi, conciliant les deux systèmes, consacre tous les avantages qu'ils présentent, et détruit les inconvénients qui leur étaient reprochés séparément. Il conserve le tracé bastionné de l'enceinte, le meilleur incontestablement; car tous ceux qui ont proposé des ouvrages détachés n'ont en effet présenté que de petites enceintes bastionnées. Il faut bien constater que le tracé des forts est absolument le même que celui de la grande enceinte bastionnée; seulement il a de plus tous les inconvénients et de moins tous les avantages que donne la différence des dimensions. Mais la protection et les dangers n'étant pas également répartis sur toutes les parties du terrain, les profils, les épaisseurs, les dimensions, l'addition de quelques dehors, peuvent être proportionnés à la nature des sites.

Le projet se borne à énoncer la construction des ouvrages extérieurs casematés. On les placera partout où la localité le demandera, dans le triple but, constamment indiqué par les hommes spéciaux, de retarder les approches de l'ennemi, d'éloigner les batteries incendiaires et de rassurer les esprits timides, enfin, de donner quelques appuis aux forces défensives. On n'admettra aucun fort qui ne soit motivé par de puissantes considérations. En effet, ces forts exigent des garnisons de troupes régulières dont il faut réserver la plus grande partie pour les armées actives; il faut aussi ménager le trésor pour des dépenses plus urgentes.

Le principe du projet est salutaire, la rédaction convenable. En établissant les deux systèmes et l'ordre dans lequel ils doivent être considérés, ainsi que la simultanéité des travaux, la loi laisse au gouvernement la latitude nécessaire. On ne peut qu'applaudir à l'usage qu'il en a fait pour l'enceinte tracée, et les ouvrages extérieurs déjà entrepris. On est en droit d'espérer que la même sagesse présidera aux études qui vont s'accomplir.

Il ne faut pas méconnaître l'*unité* qui règne dans ce projet, malgré la réunion de deux systèmes qui semblent opposés. Mettre la partie accessoire à la place de la principale, ce serait renverser toute l'économie de la loi et les principes qui lui servent de base; ce serait renouveler sciemment les difficultés de 1833, et réveiller des susceptibilités qui pourraient avoir leur danger. D'un autre côté, l'amendement le plus léger détruirait l'unité de la loi, laborieusement discutée à la Chambre des députés et adoptée à une majorité considérable. Toute altération, tout amendement, entraîneraient la perte d'un temps précieux, et seraient rejetés par l'autre Chambre.

Je ne suis pas de ceux qui s'effrayent ou qui veulent effrayer. Cependant si l'on croyait à quelques bruits, à certaines apparences, il serait urgent de réparer les années perdues et de songer à la défense du pays. Un rude hiver, qui a tout suspendu, va se terminer. La saison des travaux approche; ils peuvent recevoir en 1841 une heureuse et salutaire activité. Quoi qu'on en dise, il ne faut pas beaucoup de temps pour que ces travaux, habilement dirigés comme ils l'ont été jusqu'à ce moment, soient utiles à la défense du pays. La campagne actuelle peut produire de grands résultats, qu'il serait dangereux d'interrompre.

On conçoit facilement que les ennemis du gouvernement actuel, ceux qui s'égarent dans les vains regrets d'un passé que nous repoussons de toutes nos forces, et dans les illusions de l'avenir, veuillent laisser les portes de la capitale ouvertes à l'étranger, ou s'opposent à une mesure qui consolide nos institutions. On conçoit que, ne pouvant attaquer de front un projet salutaire, ils s'attachent à le renverser par des amendements, en invoquant la liberté, l'économie et même la prérogative royale. Mais comment des amis sincères de la révolution et de la dynastie de juillet peuvent-ils combattre cette œuvre nationale? Comment peuvent-ils se trouver réunis à leurs adversaires politiques?

La fortification de Paris consolidera la puissance et la sécurité de la France; elle servira au maintien de la paix. La guerre d'invasion, telle que nous l'avons essuyée aux funestes époques de 1814 et 1815, telle qu'on la professe actuellement dans les théories militaires, perdra son caractère et son unique application. D'après la situation politique et territoriale du royaume, l'invasion ne pourra menacer pendant longtemps que lui seul. Ainsi la guerre se rapprochera de son ancien caractère d'attaque et de défense régulières, à peu près comme on l'a vue pendant le dernier siècle et au commencement de la révolution. Alors un État résistera pendant des années, même avec les proportions les plus défavorables.

En rendant longues et difficiles les guerres d'invasion, la fortification de Paris doit empêcher les coalitions. Les puissances qui ont des craintes et des intérêts divers, qui maintenant possèdent ou préparent des institutions représentatives, ne s'engageront pas aisément dans les entreprises d'un succès douteux. Pour les coalitions contre la France, quel que soit leur but, il n'y a pas de véritable succès sans l'occupation de la capitale, qui sera désormais à l'abri de tout danger imminent.

Je suis peu touché de la désapprobation que rencontre à l'étranger la fortification de Paris; une bonne politique veut que l'on fasse le contraire de ce qu'approuvent les ennemis du pays. Toutefois, cette fortification, loin d'avoir un caractère de menace ou d'insulte, doit être, aux yeux des peuples et des véritables hommes d'État, une mesure entièrement défensive et conservatrice. Les puissances ne pourraient élever des réclamations à ce sujet sans dévoiler le projet de continuer ce honteux protectorat qu'elles ont exercé pendant les quinze années qui ont suivi nos malheurs, et d'entrer chez nous à leur volonté.

Qui osera demander compte à la France de ce qu'elle fait au centre de son territoire? S'est-elle plainte de l'emploi des énormes contributions qui ont servi à relever la barrière de forteresses, créée au traité d'Utrecht par la jalousie de l'Angleterre, de ces têtes de pont évidemment dirigées contre elle à Cologne, à Coblentz, et près de ses limites, à Germersheim, des fortifications construites à Liége, à Namur, à Aussois..... de celles qu'on projette avec tant d'ostentation à Rastadt, à Ulm? La France a-t-elle réclamé contre l'extension donnée au territoire germanique, en face du point le plus vulnérable de ses frontières, par l'importante forteresse de Luxembourg, contre les violations multipliées des traités désastreux de 1814 et 1815?

L'alliance du 15 juillet n'a été pour moi que la déclaration d'un fait que je ne cesse de proclamer depuis vingt-cinq années. La Coalition créée contre la France en 1790, a toujours existé, même après son triomphe signalé par la restauration de la branche aînée des Bourbons. La révolution de Juillet a ranimé l'hostilité des puissances européennes, que les insurrections populaires ont momentanément contenue. Libre maintenant de toute crainte intérieure, la Coalition nous réduit à ce qu'on appelle la politique d'isolement. Je ne regarde pas cette situation comme un bien; mais on nous l'a faite, et nous devons la soutenir avec honneur. Toutefois, lors même que la Coalition n'existerait plus, il y a sympathie entre les puissances pour ce qui nous est contraire; et il suffirait des moindres différends avec une seule, pour qu'elles vinssent toutes se ranger successivement contre nous et exécuter les menaces qui trop souvent se font entendre. Je signalerai plus tard les mesures que réclame cette situation.

Accoutumé à n'écouter que la voix du devoir et à lui sacrifier toutes les considérations, j'avoue que, même s'il y avait pour moi le moindre doute dans un sujet aussi grave que la fortification de Paris, j'hésiterais devant la responsabilité d'un vote négatif. La seule question réelle, celle de la dépense, a été résolue par la Chambre élective. Je dis la seule; car je ne crois pas que les travaux actuels portent la moindre atteinte aux libertés publiques et à la prospérité de la capitale. Quant à moi, la liberté m'est bien chère; mais je lui préfère l'indépendance de la patrie.

Le projet de loi réunit tous les avantages qui se rencontraient dans les divers systèmes; il a pour lui les exemples de toutes les époques et les autorités les plus imposantes. Personne ne peut plus lui refuser son suffrage. Quels reproches mériteraient ses adversaires, si, par leur faute, nous voyions pour la troisième fois l'ennemi s'avancer vers la capitale désarmée!

COMMISSION DE DÉFENSE DE 1818.

—

EXTRAIT DU PROCÈS-VERBAL DE LA SÉANCE DU 18 JUILLET 1820.

Les lieutenants-généraux Marescot, Andréossy, Dumas, Valée, Ruty, Guilleminot, Chambarlhiac, Dode, Maureillan; les maréchaux-de-camp Saint-Cyr-Nugues et Pelet étant présents......

La Commission reconnaît la nécessité de mettre Paris en état de défense, sans admettre cependant que cette ville doive être défendue, comme une place ordinaire, par une garnison renfermée dans une enceinte continue.

Elle est d'avis que Paris doit être couvert par des ouvrages détachés, *établis sur quelques uns des points dominants qui l'environnent*, lesquels, combinés avec l'enceinte continue déjà existante, et que l'on pourrait renforcer au moment de la guerre par des constructions passagères, puissent suffire à mettre cette capitale en sûreté et à l'abri d'un bombardement avec le plus petit nombre de troupes possible, et servir au besoin de point d'appui à l'armée qui se serait repliée sous ses murs.

M. le maréchal-de-camp Pelet déclare persister dans l'avis proposé à la fin de la note concernant la fortification de Paris, qu'il a lue et qu'il dépose sur le bureau de la Commission......

COMMISSION DE DÉFENSE DE 1836.

EXTRAIT DU PROCÈS-VERBAL DE LA SÉANCE DU 6 JUILLET 1838.

Cejourd'hui six juillet mil huit cent trente-huit ;

La Commission de défense, tous ses membres présents, à l'exception de M. le lieutenant-général Guilleminot, s'est réunie extraordinairement au lieu et à l'heure ordinaires de ses séances.

Le colonel secrétaire, sur l'invitation de M. le Président, donne lecture des quatre articles du programme des conditions auxquelles doivent satisfaire les fortifications de Paris.

Cette lecture terminée, une nouvelle discussion s'engage sur chacun de ces articles. Il en résulte quelques légères modifications; et définitivement, le général Pelet, déclarant qu'il admet la rédaction actuelle, mais qu'il s'en réfère, pour les principes et les détails, aux notes qu'il a remises le 31 mai et le 21 juin ;

La Commission adopte à l'unanimité, moins une voix (1), l'avis suivant :

1° Qu'il soit élevé une muraille d'enceinte flanquée, surmontée d'un chemin de rondes crénelé, enveloppant les plus grandes masses d'habitations des faubourgs extérieurs de Paris, avec fossé où il sera nécessaire; que le tracé de cette muraille (2) suive les directions les plus favorables à la dé-

(1) Le général Saint-Cyr-Nugues écrivit au bas de la délibération, une protestation en faveur de l'enceinte bastionnée et terrassée, avec fossé, escarpe et glacis.

(2) *Embrasse les hauteurs qui dominent la ville, en suivant les......* (Addition du 12 mars 1840.)

fense, eu égard à la configuration du terrain; qu'elle soit assez haute pour être à l'abri d'escalade, et assez épaisse pour ne pouvoir être ouverte qu'avec des batteries de siége; qu'il soit établi, sur les parties de cette enceinte où le besoin s'en fera sentir, des bastions susceptibles d'être armés d'artillerie pour la flanquer, couvrir de leurs feux ses approches, et éclairer autant que possible la gorge des ouvrages extérieurs qui formeront la première ligne de défense.

2° Qu'il soit construit en avant et autour de cette enceinte, notamment à la rive droite de la Seine, sur tous les points les plus favorables à la défense, des ouvrages en état de soutenir un siége, et fermés à la gorge. Leur objet sera d'éloigner les batteries incendiaires de l'ennemi, et de protéger les diverses positions que pourraient occuper les forces défensives que les circonstances auraient amenées sous Paris.

3° Enfin, qu'en cas de guerre, on construise tous les ouvrages de fortification passagère jugés à l'avance nécessaires pour ajouter à la résistance de ceux de fortification permanente qui viennent d'être indiqués, et pour mieux assurer leurs communications, soit entre eux, soit avec l'enceinte.

4° Quant aux ouvrages de campagne qui ont été construits en 1831, et qui forment une première ligne de défense entre la Marne à Nogent, et la Seine à Saint-Denis, la Commission estime qu'ils pourront être conservés pour être défendus au besoin, si la force du corps défensif lui permet d'embrasser un front aussi étendu; et, dans cette combinaison, il suffirait d'effacer le terrassement de leur gorge et de le remplacer par des palissades.

Ont signé : les généraux d'ANTHOUARD, CHARBONNEL, ROGNIAT, DODE, DELORT, PELET, LIGNIM, DAULLÉ.

DISCOURS

DU GÉNÉRAL PELET,

PRONONCÉ A LA CHAMBRE DES PAIRS

DANS LA SÉANCE DU 24 MARS 1841.

MESSIEURS LES PAIRS,

J'ai voulu ménager l'attention de la Chambre dans cette discussion générale; j'ai fait distribuer une note sur la défense de la capitale, dans laquelle la question territoriale, militaire et politique, se trouve traitée assez complétement pour que je n'aie plus à m'en occuper (1). J'ai présenté l'historique des projets de fortifications de Paris; j'ai établi les conditions du pro-

(1) Voir la note qui précède et la livraison du *Spectateur* du mois d'octobre 1840.

blème et cherché le système qui les remplit le mieux, qui donne à cette défense la force réelle et morale dont elle ne peut se passer. J'ai combattu les objections élevées au sujet de la Commission de 1836 et contre le projet de loi, ainsi que les arguments qui appuient l'amendement qui vous est soumis.

Je vais essayer maintenant de répondre à quelques passages du Rapport; je vais donner à la Chambre des renseignements nouveaux, et lui dire comment nous entendons la défense irrégulière, si les moyens réguliers nous sont refusés.

Lorsque la majorité de la Commission a choisi pour son organe celui de ses membres qui s'est prononcé seul contre *l'utilité* et *l'opportunité* de la fortification de Paris, il nous est permis de demander quelle est réellement la pensée de cette majorité. Le talent, quelque éminent qu'il soit, peut-il remplacer la conviction qui doit passer dans tous les esprits? La majorité n'a pu l'espérer. Pourquoi ne s'est-elle pas expliquée elle-même, si elle veut réellement la fortification de Paris?

Mais je dois prendre le rapport comme l'expression des sentiments de la majorité de la Commission. C'est sous ce point de vue que je vais l'examiner avec détail. Je combattrai quelques assertions contraires à celles que j'ai avancées; et j'ai lieu de m'en étonner, puisque la Commission s'est entourée des documents qui ont servi de base à mon argumentation.

Il règne dans le rapport de M. le baron Mounier, surtout dans les parties techniques, une confusion involontaire sans doute, mais singulière. Je suis obligé de la signaler à la Chambre, car elle ne permet pas de saisir nettement l'opinion et le but de la majorité.

Pourquoi, dans les citations de la Commission de défense, la date de la décision du 6 juillet 1838 a-t-elle été intervertie? Pourquoi son esprit a-t-il été changé par l'omission du mot important *enceinte flanquée*? Pourquoi cette décision est-elle tronquée? C'est vainement qu'on essaie d'appuyer l'amendement sur les opinions de la Commission de défense : toutes lui sont contraires, toutes favorables au projet de loi.

Il faut d'abord rétablir les dates. La première proposition de l'enceinte continue et bastionnée a été faite par M. de Caraman en avril 1837 (1). La décision formelle de la Commission a été prise le 6 juillet 1838, et seulement confirmée le 12 mars 1840.

Aucune différence réelle n'existe entre le principe de la Commission de 1836 et les dispositions du projet. La Commission de défense n'a jamais demandé une *enceinte de sûreté* ni une *muraille crénelée*. Ces mots ne se trouvent pas une seule fois dans sa décision. Elle a voulu une enceinte qui ne pût être ouverte qu'avec des batteries de siége, qui par conséquent fût, comme le demande le projet de loi, susceptible de soutenir un siége.

L'amendement de votre Commission est non seulement en contradiction formelle avec le projet de loi, mais il l'anéantit complétement. Intervertir les articles, placer la partie accessoire avant la principale, c'est renverser entièrement la loi des fortifications. Serait-ce le résultat que l'on voudrait atteindre?

Je n'accepte pas la définition de l'*enceinte de sûreté*.

(1) Voyez la livraison du *Spectateur* du mois de février 1841.

Sa nature, ses dispositions doivent être proportionnées à l'importance de l'objet que l'on veut garder, aux moyens employés pour s'en emparer. Or, l'enceinte qu'on nous propose ne présente aucune des conditions nécessaires pour protéger Paris, même contre une colonne d'infanterie et contre l'artillerie de campagne. Cette *simple muraille défensive*, qui sera sans fossés, sans terrassements, sans bastions, n'aura d'autre défense que la fusillade ; encore n'indique t on pas comment celle-ci sera établie. Quel effet produiront contre l'artillerie placée à une excellente portée, des balles qui viendront tomber à moitié distance ?

Suivant le rapport, *une colonne ennemie peut franchir la ligne des retranchements, à la faveur d'un brouillard, ou de toute autre circonstance imprévue.* J'ajoute qu'en plein jour, l'ennemi forcera les retranchements; il renversera facilement la *simple muraille défensive*, et attaquera Paris l'épée à la main.

Il est inexact de dire que les ouvrages avancés ont toujours été *présentés comme le moyen le plus efficace de défense, et que l'enceinte bastionnée a toujours été rejetée.* On a avancé que la décision du 6 juillet 1838, prise deux ans avant l'avénement du 1er mars, avait été influencée par ce ministère, et qu'un pacte avec la gauche, avec l'opposition, avait fait adopter cette décision. Ces assertions sont dénuées de fondement ; et elles ne devaient pas être énoncées, même sous la forme du doute.

En ce moment, je dois rendre hommage à l'ancien et au nouveau cabinet. Je remercie le premier d'avoir pris, dans un moment de danger, les mesures que réclamaient la défense de la patrie et l'honneur national.

Je remercie le second d'avoir adopté ces mesures et continué leur exécution.

Messieurs, en 1813, nous avons vu l'ennemi sur notre territoire, deux mois après la plus rude bataille qui ait jamais été livrée; en 1815, il était devant Paris, douze jours après les désastres de Waterloo. Et vous voulez qu'en présence de tels événements, on aille songer à convoquer les Chambres pour voter des mesures urgentes de défense, avec les longues formalités qu'exigent nos institutions? Il ne faut pas absolument six années pour que les fortifications de Paris soient achevées; il ne faut pas six mois pour les rendre susceptibles de résistance. La moitié de l'enceinte est entamée, fort avancée; et le temps se perd en subtilités, en amendements, pour discuter si des travaux salutaires seront continués ou non. Messieurs, la première loi est le salut de la patrie. Ne rendons pas le gouvernemenent représentatif impossible ou mortel.

Le rapport parle beaucoup *d'économie*, *d'industrie*, *de travaux publics*, tandis qu'il s'agit de la sûreté, de l'existence de l'État. Lorsqu'on veut multiplier les chemins de fer, les canaux, on doit songer que toutes ces voies partent de la capitale et y arrivent, qu'elles vont augmenter sa richesse, son importance, et par conséquent ses dangers. Cherchez des économies sur tant d'autres dépenses inutiles, et n'en proposez pas qui exposeraient Paris à être emporté de vive force.

On exagère la *dépense* exigée par les remparts qui rendront la France invulnérable. Je le dis encore: la dépense ne sera pas dépassée; elle n'absorbera pas même les fonds votés. Mes amis les généraux Haxo et Valazé la portaient, pour quatre-vingts fronts, à 50 ou 55 millions; avec cent fronts, il doit y avoir naturellement un quart d'augmentation. Ainsi leurs calculs confirment ceux du général Dode, si bien développés par M. le duc de Broglie.

Le *dilemme* du rapport est facile à renverser. Paris ne doit pas soutenir un siége en règle; c'est pour cela que nous voulons arrêter l'ennemi, par la pensée même des difficultés de cette opération. Nous n'avons pas besoin de munir nos remparts de nouveaux ouvrages que l'on énumère longuement. J'ai dit comment les places très grandes et les fronts en ligne droite peuvent se passer de demi-lunes, de chemins couverts, et comment la défense devient inférieure à l'attaque lorsqu'elle se trouve devant une lieue de fronts bastionnés.

Quant à la *difficulté* de transporter une immense artillerie devant Paris, nous en trouvons les preuves dans nos souvenirs ou dans l'histoire. Pour conduire de l'artillerie au travers des *Sierras* de l'Espagne ou des boues de la Vieille-Castille, nous employions plusieurs mois, et souvent nous devions atteler des bœufs. Les demi-années se passaient en préparatifs nécessaires au siége d'une bicoque.

Je laisse de côté les *blocus*, dont le rapport reconnaît lui-même l'inefficacité, et l'effrayant tableau des *servitudes* qui sont irrévocablement fixées par une loi.

Mais, dit le savant rapporteur, l'armée ennemie peut enlever l'enceinte bastionnée et s'y établir; comment l'en chassera-t-on? Et en même temps il soutient que, s'étant rendue maîtresse de l'enceinte de sûreté, elle ne saurait la défendre, parce qu'elle serait *prise à dos par les citoyens enflammés du désir de la vengeance et de l'espoir de la délivrance.* Eh quoi! ces Parisiens ne peuvent pas défendre de formidables remparts; et ils n'hésiteront pas à descendre sur le pavé de la ville pour attaquer les ennemis à découvert! Eh quoi! ils tendront leurs bras désarmés, par cela seul qu'au lieu d'une simple muraille ils auront derrière eux des bastions, dans lesquels ils pourraient se retrancher!

Quant à moi, messieurs, je ne croirai jamais que les enfants de Paris, qui ont été si souvent salués de ce glorieux nom sur les champs de bataille, qui, dans les journées de Juillet, ont chassé une armée entière des rues de la capitale, ne défendront pas opiniâtrement leurs foyers, leurs monuments, leurs familles. Les plus jeunes, dont l'insouciante audace est passée en proverbe, iront attendre l'ennemi sur les positions avancées; les hommes plus âgés combattront sur les remparts, tandis que les vétérans de la garde nationale maintiendront l'ordre dans l'intérieur. Qui peut dire ce que produiront d'efforts généreux les dangers de la patrie? Il serait impie de désespérer, avec une telle population, du salut de la France. Si quelques doutes injurieux pouvaient s'élever, ils seraient bien vite repoussés par les énergiques protestations de la garde nationale.

On ne craint pas de dire, de répéter devant une Chambre française, que, pour ne pas exposer à *la destruction tant de richesses, tant de monuments renfermés dans Paris, la reddition de la ville serait forcée.* Que sont devenus vos chefs-d'œuvre, vos richesses après la capitulation de 1815? Le premier des trésors n'est-il pas l'honneur national, qui exige que l'on défende son indépendance?

D'ailleurs, rassurez-vous, l'enceinte se trouve à 2,000 mètres au-delà des hauteurs désignées par la première Commission de défense, sur l'emplacement même des ouvrages extérieurs du général Bernard.

Elle a devant elle, à 2 ou 3,000 mètres, une ceinture de forts casematés, susceptibles de soutenir un siége; enfin elle est à une distance moyenne de 2,000 mètres du boulevard extérieur. Par conséquent, il est impossible que le bombardement et les fusées Congrève dont on effraie les imaginations, atteignent une seule maison de la capitale.

Messieurs, l'autorité de cet homme *si puissant par l'épée, devant lequel fléchit la terre*, comme l'a dit votre rapporteur, qui a dû si bien le connaître, ainsi que tous les membres de la majorité de la Commission, cette autorité doit dominer la question. Qu'a fait cet homme dans le cours de sa glorieuse carrière et lorsqu'il a défendu la France ?

Pendant la guerre et pendant la paix, il ne cessait de fortifier les États alliés, l'Italie et Alexandrie, capitale de sa domination au-delà des Alpes. Dans ses immortelles campagnes, il assurait par la fortification chaque progrès, chaque victoire. A Vienne, aux portes de Berlin (à Spandau), à Madrid, à Moscou, à Dresde, il armait, il fortifiait les remparts ou les points défensifs. En partant, il faisait sauter les murailles de Vienne, du Kremlim, de Smolensk. Les militaires de l'Europe admirent les travaux de Lobau, de Spitz, de Neustadt, ceux de la Vistule dont les Russes ont hérité, ceux que Napoléon a constamment et partout ordonnés, dirigés, tracés lui-même.

Il faut détruire une erreur grave qui pourrait devenir funeste au pays. On a prétendu que l'Empereur avait toujours montré de l'éloignement pour la défense nationale, pour l'emploi de la population armée. Il faut dire à la France des détails méconnus, oubliés, dont elle peut tirer de hautes leçons ; il faut leur donner le retentissement et l'autorité de cette tribune (1).

Après les malheurs de 1813, que les fautes des lieutenants et les défections des alliés rendaient irréparables, Napoléon, arrivant à Paris vers les premiers jours de novembre, établit son système de défense sur deux bases, suivant l'époque de l'agression vers le 15 décembre ou le 15 janvier.

Dans la première supposition, il fallait organiser à la hâte une défense nationale, irrégulière, presque révolutionnaire, faire un appel au dévouement de tous les Français. Il fallait réunir à Lyon les soldats d'Italie avec les troupes d'Augereau, de Suchet, et réorganiser à Mayence les débris de la grande armée. Napoléon espérait encore que les ordres donnés à Saint-Cyr et à toutes les garnisons de l'Elbe, pour se joindre à l'armée de Hambourg, seraient exécutés. Alors, la défense irrégulière était protégée par trois fortes armées, réunies sur le bas Elbe, sur le Rhin et sur le Rhône.

Si l'ennemi différait son attaque, la défense devenait régulière et extérieure. Les corps étaient complétés, les gardes nationales organisées, les places armées. Le territoire français et allié pouvait être défendu activement.

L'Empereur compta trop sur sa franche acceptation des bases de Francfort, sur les protestations des sou verains alliés, sur les propositions d'un congrès à Manheim ; vaines négociations qui avaient pour but d'endormir sa vigilance ! Pendant ce calme trompeur, l'invasion s'effectua dans la nuit du 20 décembre. Cette leçon ne doit pas être perdue pour nous.

(1) Voyez les Pièces justificatives page 65.

Cependant le vice-roi n'obéit pas aux ordres de son souverain, de son père (1). Un affreux typhus dévora dans Mayence les restes de la grande armée; les conscrits qui devaient la renforcer, quittaient à peine leurs foyers. Le maréchal Saint-Cyr, n'exécuta pas le mouvement sur Hambourg. De toutes parts, les catastrophes tombèrent sur la France. La trahison appela les coalisés à Paris; et leur marche paralysa tous les moyens de la défense. Mais ils avaient alors 115 ou 120 lieues de terrain à parcourir, au lieu de la moitié de cette distance qu'ils franchiraient rapidement aujourd'hui.

Apprenant dans la soirée du 24 décembre 1813 la nouvelle de l'invasion, l'Empereur, obligé de replier son armée, écrivit « que la garde nationale suffisait à » la défense de Strasbourg, et qu'il fallait insurger » l'Alsace, brave, dévouée; » il prescrivit (le 26) la formation sous Paris d'une réserve de 30,000 gardes nationaux, de deux camps de 15,000 hommes à Meaux et à Nogent; il attacha aux armées actives quatre corps d'insurrection commandés par des généraux et des officiers de choix (le 2 janvier); d'autres généraux allèrent organiser les levées en masse de vingt départements frontières, et armer le tiers de la population. L'Empereur comptait avoir avant la mi-janvier, à Colmar, à Langres, à Épinal, 60,000 gardes nationaux.

Le 6 janvier, il décréta la formation de 120 bataillons de garde nationale et de 12 nouveaux régiments de jeune garde; Troyes, Orléans, Lyon, Avignon, étaient les principaux points de réunion de ces levées.

(1) Voyez la pièce numéro 1er, page 68.

Les cohortes urbaines défendaient les villes situées entre la frontière et la capitale. Enfin le 8 janvier, il organisa la garde nationale de Paris, et en donna le commandement au Bayard de notre époque, à l'illustre maréchal Moncey. L'Empereur, recevant le serment des chefs de cette garde, leur dit : *Je pars avec confiance : je vais combattre l'ennemi. Je vous laisse ce que j'ai de plus cher, l'Impératrice et mon fils.* Beaucoup de cœurs dans cette enceinte doivent palpiter en présence de tels souvenirs.

Paris et les forteresses de la France furent aussi l'objet des premiers soins de l'Empereur. Dès le 27 décembre, il institua un comité de défense; il ordonna de reconnaître, dans les environs de la capitale, les hauteurs qu'il fallait occuper et défendre avec 60 ou 80,000 gardes nationaux (1). Les préparatifs devaient se faire sans bruit. En effet, dans ce moment même, la commission du corps législatif demandait au Gouvernement des garanties, au lieu de lui donner les moyens de repousser les ennemis!

L'Empereur dicta, le 11 janvier, une note tellement importante, que je demande à la Chambre la permission d'en lire un extrait. « Faire venir en toute diligence 40 ou 50,000 outils, beaucoup d'ingénieurs des ponts et chaussées, avec tous les moyens de diriger les travaux, pour faire de Paris une place forte et un arsenal. — Ne faire jamais aucun préparatif pour abandonner Paris, et s'ensevelir sous ses murs, s'il le faut.... (2). »

(1) Voyez la note du 27 décembre 1813, numéro II, page 68.

(2) Cette note se trouve textuellement, numéro III, à la page 72, avec deux lettres de la même date.

L'Empereur terminait cette note en disant « que tout devait être préparé de manière qu'au 1er février on se trouvât en mesure, et qu'il ferait connaître alors les dispositions arrêtées, afin de donner l'impulsion à la nation, et de l'assurer que tout serait fait pour défendre la capitale. »

Les progrès de l'invasion ne permirent pas à Napoléon de rester à Paris pour presser l'exécution de ses ordres ; rien ne se fit après son départ (1). Il rencontra l'ennemi à Saint-Dizier, à moitié chemin de la capitale (2). L'Alsace, la Lorraine, la Champagne, l'Ile-de-France, qui n'étaient pas, comme on l'a trop souvent répété, fatiguées de ce despotisme glorieux, répondirent avec enthousiasme à l'appel de Napoléon.

Plusieurs d'entre vous, messieurs les pairs, ont vu ces braves paysans, accourant avec toutes sortes d'armes, flanquant nos colonnes, ramassant les fusils au milieu des batailles et combattant auprès de nous. Sur les derrières de l'ennemi, ils harcelaient ses détachements, enlevaient les convois et faisaient prisonniers des bataillons entiers avec du canon. L'attitude menaçante de la population obligea les souverains étrangers à s'entourer constamment de vingt rangs de baïonnettes. Bientôt l'Empereur requit tous les Français de courir aux armes, de sonner le tocsin à l'approche de l'ennemi, de tomber sur ses flancs et sur ses derrières ; il déclara traîtres tous les fonctionnaires qui éloigneraient les citoyens d'une légitime défense (3).

Avec les débris de l'armée, composés en grande par-

(1) Voyez numéros IV et V pages 80 et 88.

(2) Voyez la carte ci-jointe.

(3) Voyez les Décrets de Fismes du 5 mars 1814.

tie d'officiers, avec des conscrits de dix-neuf ans, à peine armés, avec cette poignée de héros dont j'ai eu l'honneur de commander une partie, il arrêta, pendant plus de deux mois, les masses coalisées, et les força plus d'une fois à commencer leur retraite au-delà des frontières.

Que manqua t-il à cette immortelle défense? Est-ce le génie et l'activité du chef, l'audace et le dévouement de l'armée ou des habitans? Non, messieurs, il manqua du temps ; ce temps, qui aurait donné aux Français de la Bretagne, de la Gascogne, du Languedoc, du centre de l'empire..., les moyens d'arriver au secours des Français du Nord, ce temps que nous assurera la force réelle et morale de la capitale. Ai-je besoin d'ajouter qu'avec la moindre fortification autour de Paris, il n'y aurait pas eu tant de mécomptes, de malheurs, de trahisons?

En 1815, l'Empereur, voulant porter l'armée à 800,000 hommes, comptait, dans cet effectif, 248 bataillons et divers corps de gardes nationales, présentant une force de 225,000 hommes ; la majeure partie forma les garnisons des forteresses. La garde nationale de Paris, des bataillons de fédérés levés dans les faubourgs, 5 à 6,000 canonniers pris dans la ligne, dans les écoles et parmi les citoyens, devaient défendre les fortifications. Mais la catastrophe fut encore plus rapide; et j'en ai déjà signalé les causes.

Le moment est venu d'entrer dans la réalité de la question. Veut on défendre la France et la capitale? Veut-on s'opposer aux ennemis ou transiger avec eux? Il faut s'expliquer nettement et complétement.

Si l'on ne veut pas de fortifications, malgré les exemples les plus frappants, malgré les autorités les plus imposantes, qu'on le dise à la face du pays. Si, au contraire, on veut fortifier Paris, discutons franchement; et pour une économie de quelques millions, ne livrons pas aux chances du hasard les destinées de la France.

Je l'ai écrit depuis long-temps : une guerre de principes ne peut cesser qu'après la victoire ou la chute. Le principe politique a succombé en 1814 ; il s'est relevé en 1830. La coalition, ayant jugé notre situation mieux que nous-mêmes, a toujours maintenu et amélioré son organisation armée. Si elle ne nous a pas attaqués, il y a dix ans, c'est parce que les insurrections des peuples et les troubles intérieurs l'en ont empêchée. Si elle le voulait maintenant, elle n'aurait qu'à faire marcher son organisation de paix, assez formidable pour que la France doive s'en occuper.

Je sais bien que la coalition est divisée d'intérêts; mais elle est réunie contre notre principe politique. Elle a certainement de grands embarras intérieurs; ce n'est pas sans danger qu'elle renouvellerait les manifestations de 92 et de 1813. Mais elle est habile, patiente et forte. Nous avons appris à ne pas nous fier à sa modération et à ses protestations pacifiques. Je n'ai oublié ni ses anciennes prétentions, ni les plans de novembre 1815, ni les humiliations des deux invasions; je n'ai pas oublié ses bivouacs aux Champs-Elysées, son artillerie braquée sur les ponts de Paris et contre le palais de nos rois.

Je suis de ceux qui veulent défendre, la patrie, nos institutions, le trône que nous avons élevé. Notre devoir est d'en préparer, d'en assurer les moyens réguliers, pendant que la paix règne encore sur le continent. Nous vous demandons aujourd'hui une défense complète, légale, celle qui convient à un gouvernement national.

Si la défense était insuffisante, nous opposerions à l'invasion la résistance qu'autorisent la nature, le droit des gens, tant d'exemples glorieux de l'histoire; car les nations comme les individus ne reconnaissent pas de limites au droit de défendre leur existence. Nous combattrions le plus long-temps possible sur la frontière ; mais nous serions enfin ramenés sur la capitale.

Si vous laissez entre vos forts des trouées d'une ou deux lieues, si vous ne préparez qu'une muraille impuissante, nous élèverons des retranchements à la force desquels nous ne croyons pas, mais que nous disputerons à l'ennemi avec acharnement. Nous ouvrirons, dans votre enceinte défensive, des embrasures que vous négligez, afin d'opposer quelques coups de canon à une formidable artillerie. Vains efforts qui ne donneront que peu d'heures de résistance !

Il faudra donc défendre la capitale elle-même. Toutes ses rues ne sont pas excessivement élargies et tirées au cordeau. Nous y élèverons des barricades ; les édifices nous offriront les bastions que vous nous refusez. Beaucoup de quartiers présentent des labyrinthes inextricables, véritables citadelles, au milieu desquelles l'ennemi n'avancera qu'avec la plus grande difficulté. C'est là que ceux qui resteront pourront capituler sans déshonneur.

Malheureusement, les passions populaires sont les auxiliaires de ce genre de combat. Nous ne nous dissimulons pas, qu'une fois soulevées, il sera difficile de les contenir : nos souvenirs nous rappellent des époques funestes que vainement nous voudrions écarter. Mais nous devons tout sacrifier au salut de la patrie ; et, pour nous, il est dans la conservation de la capitale. En versant notre sang pour la défendre, en succombant dans cette lutte que vous aurez rendue inégale, au milieu de ces extrémités que vous aurez provoquées, nous pourrons encore nous écrier : *France, ce n'est pas notre faute!*

Messieurs les pairs, à la fin de mars 1814, un grand citoyen, dont la statue devrait s'élever devant l'Hôtel-de-Ville, Boulay (de la Meurthe), proposa au conseil de régence de conduire l'impératrice et le roi de Rome au milieu de la cité ; il voulait barricader au loin les avenues, les défendre contre l'ennemi, et attendre l'arrivée des secours annoncés. Il paraît que les ministres de cette époque n'appuyèrent pas cette proposition généreuse (1). Les avis timides, perfides peut-être, prévalurent ; et l'empire fut renversé.

Je laisse ces pensées pénétrer au fond de vos cœurs, et je vote pour le projet de loi.

(1) Voyez page 61 la réclamation de M. le duc de Gaëte.

RÉPONSE

DU GÉNÉRAL PELET,

A M. LE RAPPORTEUR DE LA COMMISSION,

DANS LA DISCUSSION DU PROJET DE LOI RELATIF AUX FORTIFICATIONS DE PARIS (1).

J'ai demandé la parole hier pendant le discours de M. le baron Mounier, pour exprimer la douleur que j'éprouve, lorsque j'entends justifier continuellement la coalition de nos éternels ennemis, aux dépens de la France : oui, de la France; car je pense que vous ne prétendez plus retrancher de notre histoire les vingt-cinq années de la Révolution et de l'Empire.

On ne cesse de nous répéter que ce sont les excès de la Révolution, et le despotisme impérial, qui ont provoqué les coalitions, et que celles-ci ne peuvent

(1) Ce discours n'a pu être prononcé le 31 mars devant la Chambre des Pairs (Voyez les *Journaux* du 1er avril).

plus se renouveler désormais. Par quels excès l'Assemblée constituante avait-elle provoqué le congrès de Pilnitz, origine de toutes les coalitions? Comment justifiera-t-on l'insolent manifeste de Brunswick, qui ne voulait pas laisser pierre sur pierre dans Paris?

Pourquoi ces éternelles accusations contre l'Empereur? A-t-on prouvé qu'il refusait toujours la paix et qu'il voulait constamment la guerre : erreur populaire, répandue par les ennemis de la France, qui ne devait pas atteindre les esprits élevés, que devaient repousser les hommes d'État de l'empire.

Je déclare, messieurs, que Napoléon a tout fait pour éviter la guerre, en 1803, 4 et 5 ; je déclare qu'il a désiré, recherché les alliances du continent, de bonne foi, avec ardeur, et qu'il ne les a pas obtenues. C'est un fait trop méconnu, et que je veux constater.

Je fais donc un appel aux souvenirs de tous les diplomates présents dans cette enceinte, particulièrement de l'honorable comte qui, en 1804, était momentanément chargé de nos affaires à Berlin. J'en appelle aux fils de l'illustre général qui nous représentait alors à Saint-Pétersbourg, et du comte de Larochefoucauld, notre ambassadeur à Vienne, dont la perte si récente excite encore nos vives douleurs; ils trouveront dans les archives de leurs familles les preuves de ce que j'avance. Je n'hésite pas à en dire autant pour toutes les guerres de l'empire ; et il me serait facile de le prouver.

Dans chaque campagne, nous avions à repousser les attaques des mêmes ennemis que nous avions vus, l'année précédente, demander la paix. Nous étions donc autorisés à penser qu'ils étaient constamment les agresseurs. Depuis que j'ai cessé de combattre, l'étude de l'histoire et de la diplomatie m'a confirmé dans cette opinion. Les conseillers de l'Empereur devraient s'en montrer pleinement convaincus.

Pourquoi nous présenter sans cesse la France courbée et gémissant sous le sceptre d'un souverain qu'elle a chéri et respecté dans sa prospérité comme dans ses malheurs, et auquel elle vient de donner de si touchantes preuves d'une éternelle sympathie ? Qu'étaient donc les hommes qui entourèrent *le despote* de si près, et pendant tant d'années ? Quant à moi, j'aurais repoussé le *despotisme*, même avec son auréole de gloire et cette mission providentielle dont on veut bien le décorer. Mais j'ai repoussé plus fortement la liberté mensongère, l'indépendance humiliante, apportées par Louis XVIII, Wellington et Blucher. Sous l'empire, je n'étais qu'un soldat dévoué ; et je le dis hautement, sans craindre d'être démenti, ce n'était pas chez nous, instruments mais compagnons de la gloire de l'Empereur, que régnait la courtisanerie. J'ose dire même que j'en ai donné de suffisantes preuves.

On nous ramène sans cesse aux guerres de 1814 et de 1815. Ce n'est pas nous, soldats de la garde impériale, soldats de Laon et de Montmirail, de Ligny et de Waterloo, qui refuserons de répondre à cet appel. J'ai dit, comment j'avais vu combattre les braves paysans, et les conscrits à peine armés et habillés. Je proteste avec énergie, au nom de ce peuple que Napoléon *a tant aimé ;* je proteste contre cette pensée que la *France épuisée se séparait* du souverain qu'elle avait élevé sur le pavois, et qu'il a *péri, qu'il devait périr* par ce motif seulement.

J'ai eu l'honneur de suivre d'assez près l'Empereur, dans ses dernières campagnes de 1812, 13, 14, 15. Je n'ai jamais aperçu ce *découragement* dont on nous parle, qui ne pouvait *pénétrer dans sa grande âme* et dans son inflexible courage. Mais j'ai vu constamment éclater cette humanité, cette excessive bonté qui, pendant toute sa carrière, l'ont porté à pardonner tant de fautes, et *les intrigues qui préparaient un autre avenir.*

J'étais aussi à Fontainebleau, avec 6,000 hommes de vieille garde, fidèles, dévoués. Aucun de nous n'aurait permis que le mot *abdication tombât d'une autre bouche* que de celle de l'Empereur. Ce grand homme n'entendit alors dans sa cour qu'un morne silence. Plusieurs d'entre vous étaient à la revue du 3 avril 1814; ils peuvent dire si la garde impériale n'était pas prête à se jeter au milieu de l'armée coalisée tout entière, dans l'attaque préparée par l'Empereur pour le 5 au matin (1). Mais ce jour-là, un maréchal d'Empire, un intime ami de Napoléon....

Je m'arrête ici. J'imiterai la réserve dont M. le comte Molé m'a donné l'exemple ; et je ne chercherai pas quelles furent les causes secrètes de nos désastres. Je ne déroulerai pas devant vous les intrigues dont il a parlé, les bassesses qui furent trop communes, les noms déjà effigiés par l'histoire.

Je suis heureux de saisir cette occasion pour rectifier ce qui m'est échappé dernièrement sur la conduite

(1) Voyez numéro VI page 89, les ordres de l'Empereur au major-général, du 4 avril 1814.

des ministres de l'Empereur, à la fin de mars 1814. L'un d'eux, le respectable duc de Gaëte, a réclamé avec beaucoup de chaleur. L'histoire a consacré sa conduite et celle de M. le comte Daru. La rectification de cette erreur m'a paru devoir être faite à la tribune même où elle avait été commise.

C'est aujourd'hui, messieurs, un douloureux anniversaire qui, pour la vingt-septième fois, vient faire saigner nos cœurs. Aujourd'hui, la reine des nations subit le joug de l'étranger et de ceux qui le suivaient. Par la capitulation, Paris fut *recommandé à la générosité des puissances alliées ; et suivant leurs dispositions, sa garde nationale devait être désarmée ou licenciée.* Ah! messieurs, si, comme l'avait projeté jadis Louis XIV, le frère de l'Empereur avait parcouru la capitale, ces infâmes conditions à la main, croyez-vous que cette noble population ne se serait pas soulevée?

Nous étions plus généreux envers nos ennemis, lorsque la victoire nous prodiguait ses faveurs. Dans la capitulation que subit, en 1809, le corps autrichien pour la remise de Vienne, nous conservâmes aux habitants leurs armes, leurs droits, leurs libertés; nous ne leur imposâmes pas un souverain. Lorsque la ville sainte, Moscou, tomba dans nos mains, les Russes, avant de la brûler, ne recommandèrent *que leurs blessés à l'humanité des troupes françaises.*

J'espère que la fortification de Paris le préservera à l'avenir de pareilles catastrophes, et qu'en sauvant la capitale, elle sauvera aussi la France.

Ce n'est pas seulement la justification de l'Empereur que j'avais en vue lorsque j'ai demandé la parole, je voulais réfuter en même temps cet argument sur l'origine de la coalition et sur son impossibilité future, que l'on oppose à la fortification de la capitale. Suivant les défenseurs de l'amendement, il n'y aura plus désormais ni invasion ni coalition; et la dernière doit être attribuée uniquement à nos fautes. Mais en 1544, Charles-Quint est venu assiéger Saint-Dizier. En 1636, le canon du siége de Corbie retentissait jusqu'à Paris; et les coureurs espagnols avaient passé l'Oise. En 1709, un parti hollandais vint jusque sur le pont de Sèvres, pour enlever le Dauphin. Chaque siècle a toujours amené son invasion.

Comment, il n'y aura plus de coalition? Et quel nom donnez-vous à cette union de quatre puissances, traitant à l'exclusion d'une cinquième, qui faisait partie du concert et qu'on réduit à l'isolement? Il est trop facile de rejeter sur un ministère la formation d'une ligue qui existe depuis un demi-siècle. Pesez les sages paroles de M. de Broglie, de M. Guizot, de M. Bresson; vous verrez que tôt ou tard, cette situation peut avoir des dangers pour le pays, pour ses institutions, pour le trône constitutionnel.

Un pair qui s'est fait constamment remarquer par l'élégance de son style et la modération de son langage, M. le duc de Noailles, se complaisait, l'autre jour, à nous dire que toutes les puissances *sont françaises*, les unes contre les autres. Une opinion plus avancée, moins prudente que la sienne, ne viendra-t-elle pas nous les présenter comme françaises contre la France de Juillet?

Le noble duc croit encore à un équilibre de l'Europe, régulateur et conservateur de la paix. Quel équilibre, messieurs, après tant de bouleversements dans le monde entier? Celui de 1789 qui existait réellement? Celui de Lunéville, bienfait du consulat, dont la coalition n'a pas voulu? Celui de 1815? Oh! messieurs, le noble pair n'a pas songé à la perte de ces départements, conquis par le sang français, faible dédommagement de l'inique partage de la Pologne, et de ces places bâties par Louis-le-Grand. Le noble pair n'a pas songé à la Prusse, à l'Autriche, poussées sur nous par la Russie, à cette formidable puissance qui, dominant tout, menaçant tout, s'avance au milieu de l'Europe, jusqu'à la Silésie.....

Nos frontières ne sont plus en aussi bon état que le suppose M. le Rapporteur. Cela n'est pas étonnant; Napoléon conserva les anciennes fortifications, pendant que nos frontières étaient sur le Niémen et aux Colonnes d'Hercule; mais il n'améliora que les places du Rhin et Alexandrie. La Restauration mettait sa force dans les armées étrangères auxquelles nos places étaient sacrifiées. Depuis dix ans, on a beaucoup travaillé aux fortifications. Mais la frontière offre des brèches de toutes parts; et au travers de ces brèches, nous voyons le canon des villes jadis françaises, Philippeville, Luxembourg, Sarrelouis, Landau.

M. le Rapporteur cite Vauban, Bousmard, Rogniat. Deux mots sur chacun d'eux. Le tracé de l'illustre maréchal était sur la crête des hauteurs, à 2,000 mètres en arrière de l'enceinte actuelle; aujourd'hui il ne craindrait plus la *bombarderie*. Bousmard, ingénieur français qui avait été porter à nos ennemis les secrets de nos écoles, écrivait en 1799; il est mort au milieu des expériences terribles qui auraient certainement modifié ses idées. Ici je regrette d'avoir encore à signaler une altération de texte : Bousmard ne parle que des *capitales de provinces*. Le général Rogniat a adopté la décision de la Commission de défense du 6 juillet, et n'a soutenu vivement ni le système qu'on lui attribue, ni celui du général Bernard.

M. le baron Mounier semble abandonner la défense de son amendement, et la réfutation des objections qui ont été élevées contre son rapport. Il est inutile de rentrer avec lui dans la discussion sur la ressemblance complète de la décision de juillet 1838 avec le projet de loi. Tout a été expliqué, lorsqu'on a dit que l'une était la pensée, le programme ; l'autre l'exécution, l'application......

En terminant, je désire revendiquer devant la Chambre et le pays, l'honneur d'avoir eu une assez grande part à la décision sur laquelle est basé le projet de loi. En 1820, je protestai (1), dans la première Commission de défense, contre son avis sur les ouvrages qui dominaient immédiatement la capitale, et en faveur de l'enceinte bastionnée. Je déclarai en 1838, à la seconde Commission, que je protesterais encore, si elle n'insérait pas dans sa décision les mots sacramentels de *bastions, de fossés, de terrassements, d'enceinte embrassant les hauteurs qui environnent la capitale*. La condition que ces travaux s'exécuteraient, *là où ils seraient nécessaires*, ne pouvait m'inquiéter, parce que je savais que le besoin s'en ferait sentir à peu près partout. Je déclarai plusieurs fois à mes collègues qu'ils feraient un jour des bastions et des fossés, sur la presque totalité de l'enceinte continue......

(1) Voir la CLXXV^e livraison du *Spectateur*, 15 octobre 1840.

PIÈCES JUSTIFICATIVES [1].

OBSERVATIONS.

Les pièces suivantes font connaître les bases du système défensif de l'Empereur. Quelques explications sont nécessaires pour motiver les changements qu'il apporta dans son exécution.

Napoléon apprit, le 24 novembre dans la soirée, que l'armée de Schwartzenberg ayant passé le Rhin à Bâle, envahissait la Suisse et que l'armée de Blucher se concentrait sur ce fleuve, à Caub, au-dessous de Mayence. Il avait déjà pourvu à la réorganisation de l'armée active et à la formation des corps de réserve sur les divers points de la frontière. Il donna, les 25, 26 et 27, les ordres nécessaires pour l'organisation de la garde nationale; pour le rassemblement d'un corps de 30 à 40,000 hommes, destiné à protéger Paris et à manœuvrer sur les flancs de l'ennemi; pour la réunion, sur une ligne de 15 à 20 lieues, de 60 à 80,000 gardes nationaux qui devaient se retrancher, couvrir la capitale et les environs; enfin pour la défense des hauteurs qui environnent les faubourgs. (*Pièce* n° II.)

(1) A l'exception des numéros II et V toutes ces pièces sont inédites.

Avant que son système défensif pût être entièrement développé, l'Empereur apprit que le territoire français était envahi sur toute la frontière de l'est. Le 11 janvier, il sut que Blucher avait passé la Sarre et marchait sur Nancy; que Schwartzenberg avait franchi la Saône et se dirigeait sur Langres. Cette double marche menaçait directement, promptement même, la capitale, par les quatre routes de Châlons et de Sezanne, de Nogent-sur-Seine et de Sens.

L'Empereur annonça dès lors la résolution de ne pas quitter Paris, qui n'avait encore pu recevoir aucune défense, d'en faire une place forte, d'y attendre l'ennemi, et d'y livrer une de ces batailles dans lesquelles son génie lui assurait toutes les chances favorables. Il donna des ordres pour amener en poste, dans la capitale, tous les moyens de résistance. (*Pièces* n° III.) Il fit venir des frontières d'Espagne, à marches forcées, la division de dragons Treillard, et en poste deux divisions d'infanterie; ces corps renfermaient 15 à 16,000 bons soldats.

La concentration des armées ennemies fut signalée par la marche de Blucher sur Gondrecourt et Joinville; il fut évident alors qu'elles allaient se réunir sur les bords de la Seine au-dessous de Troyes. Le 23, les têtes des colonnes alliées ayant dépassé Joinville et Bar-sur-Aube, continuèrent leur mouvement. Un corps autrichien occupant Dijon, ouvrit une nouvelle ligne d'invasion contre Paris, par la route de Joigny. Les armées françaises se rapprochèrent de Châlons, de Vitry, de Troyes.

L'attaque de l'ennemi semblait imminente. Napoléon voyant la route de Châlons dégarnie, changea de projet, et résolut d'opérer sur cette direction. (*Pièce* n° IV.) Espérait-il arrêter les armées coalisées par une attaque de flanc? comptait-il sur de plus grands succès, en détruisant les têtes des colonnes autrichiennes et prussiennes? enfin voulait-il rejoindre sur la Seine, la vieille garde établie à Troyes et les divisions d'Espagne qui approchaient d'Orléans?

Ayant assuré la haute Seine par les forces dont il pouvait disposer, l'Empereur quitta Paris, le 25 janvier, à trois heures du matin, arriva le soir à Châlons, et le 27 de bonne heure, culbuta un corps ennemi à Saint-Dizier. Il se dirigea ensuite sur Brienne avec quelques bataillons de conscrits, des cadres d'infanterie et un petit nombre de régiments de cavalerie; il allait attaquer de flanc l'armée prussienne qui avait dépassé Lesmont et s'avançait sur Arcis.

Il fallut prendre les traverses de Moutier-en-Der. Le dégel et la pluie survinrent. Les terrains détrempés retardèrent nos colonnes. Blucher put facilement reployer les siennes sur la chaussée de Brienne. Après avoir été battu le 30 dans ce village, le maréchal prussien fut secouru par les forces coalisées qui avançaient à marches forcées.

Le reste de cette mémorable campagne offrit une continuelle preuve des inconvénients que présentaient la situation de Paris, et la nécessité de le couvrir avec l'armée défensive, en abandonnant le reste du territoire. L'Empereur ne cessa de s'appuyer sur la population armée qui l'aida autant que les circonstances le permettaient. Mais je répète encore qu'il ne fut pas secondé par son gouvernement, et que ses ordres ne furent pas exécutés. (*Pièce* n° V.)

N° I. **LE MINISTRE DE LA GUERRE**

AU PRINCE VICE-ROI D'ITALIE (1).

Paris, le 9 février 1814.

Le Ministre de la guerre réitère à S. A. I. le vice-roi, l'ordre de l'Empereur de se porter sur les Alpes, aussitôt que le roi de Naples aurait déclaré la guerre. S. A. I. ne doit laisser aucune garnison dans les places d'Italie, si ce n'est des troupes d'Italie, et doit venir avec tout ce qui est Français sur Turin et Lyon, soit par Fenestrelles, soit par le Mont-Cenis. *Signé :* le duc de FELTRE. Bon à transmettre de suite. *Signé ;* CAMBACÉRÈS.

Le prince Eugène répondit de Volta, le 16 février à 5 heures du matin : « Monsieur le duc de Feltre, je reçois »à l'instant même votre lettre du 9 de ce mois, dans laquelle »vous me faites part des intentions de S. M. à l'égard de »l'armée sous mes ordres, dès que le roi de Naples se sera »déclaré contre la France. Vos instructions sont entièrement »conformes à celles que l'Empereur m'a adressées, il y a »environ quinze jours, par une lettre chiffrée..... »

N° II. **NOTE DE L'EMPEREUR**

DU 27 DÉCEMBRE 1813 (2).

Dans la même séance, le général Bertrand donne lecture d'une note dictée par l'Empereur au Comité de défense. Il

(1) Des instructions détaillées pour le prince Eugène furent remises le 20 novembre 1813, par l'Empereur à un aide-de-camp du vice-roi qui se rendait à Milan. Ces instructions renfermaient des développements fort étendus sur la conduite que devait tenir ce prince, sur la défense de la France et de l'Italie. Une partie de ces dispositions et les détails de la grande opération ont été imprimés en 1827, dans le IIe volume du *Spectateur*, page 157.

(2) Cette note, lue au comité de défense institué le 27 par l'Empe-

faut avoir, est-il dit dans cette note, à Paris, 30 ou 40,000 hommes, indépendamment des gardes nationales, afin que l'armée puisse agir sur les flancs de l'ennemi sans désarmer Paris, et que la tranquillité de la capitale ne soit pas troublée.

Cette note demande le rapport ou avis du Comité : 1° sur la frontière des Alpes et sur les places de Grenoble et de Genève en particulier ; 2° sur le point de rassemblement d'une armée de 30,000 hommes, en supposant que l'ennemi marche sur Langres, de manière que cette armée puisse vivre, couvrir les flancs de Paris, autant que possible, et suivant les circonstances, se porter sur Langres ou passer les Vosges et agir sur Colmar; 3° sur les positions propres à former une espèce de ceinture de 15 à 20 lieues, telle que 60 à 80,000 gardes nationaux qui se retrancheraient dans cette ligne de défense, puissent couvrir Paris, garder les passages et les rivières, et garantir le pays des incursions des troupes légères ; 4° sur les hauteurs des environs de Paris qu'il faudrait occuper, les espèces d'ouvrages à faire pour les saisir et ne laisser aucune position où l'ennemi puisse s'établir.

Ces deux lignes de défense exigeront des reconnaissances qu'on fera sans bruit : cela doit être secret. Il faudra réunir au Comité des officiers qui connaissent bien le pays.

N° III. ORDRE DE L'EMPEREUR

AU MINISTRE DE LA GUERRE.

Paris, le 11 janvier 1814.

Monsieur le duc de Feltre, *l'ennemi ayant passé la Sarre*, il est à craindre que les nouveaux renforts qui n'étaient pas

reur, se trouve dans la *Suite du Mémorial de Sainte-Hélène*, tome II, page 39. Une partie de cet ouvrage a été composée avec les matériaux réunis par M. Allent, conseiller d'État.

encore arrivés à Metz, Verdun et dans les 3e et 4e divisions militaires, ne soient interceptés. Il faudrait donc me faire pour la 3e et la 4e division, un travail semblable à celui qui a été fait pour la 5e division.

Ne serait-il pas convenable de former de nouveaux bataillons aux 2e, 4e, 5e, 12e, 15e, 29e léger; 15e, 26e, 32e, 47e, 58e, 66e, 70e, 82e, 86e, 121e, 122e, 132e, 135e, 138e, 140e, 141e, 142e, 149e, 155e de ligne et aux régiments de marine qui sont à Brest et à Cherbourg? Cela ferait une trentaine de bataillons qui, se formant dans les provinces de l'Ouest, pourraient venir renforcer l'armée de réserve, sans la crainte d'être troublés en route par l'ennemi. Faites-moi connaître la situation de ces régiments, les conscrits qu'ils doivent recevoir, et ceux qu'on pourrait leur donner sur 1815, pour compléter ces nouveaux bataillons.

Beaucoup de régiments se trouvent enfermés dans les places d'Alsace, ou servent de garnison aujourd'hui aux places de la Moselle et de la Sarre. Faites-moi connaître les régiments et cadres d'infanterie qu'on pourrait tirer de toutes les places menacées pour venir sur Paris, recevoir des conscrits de 1815, et ce qu'il y aurait des conscrits des 300,000 hommes, afin qu'il ne reste dans ces places que des cadres proportionnés au nombre d'hommes qui s'y trouveront. Sur ce, etc. *Signé* : NAPOLÉON.

LETTRE DE L'EMPEREUR

AU MINISTRE DE LA GUERRE.

Paris, le 11 janvier 1814.

Mon intention est de faire de Paris une place forte. Si l'ennemi effectue le projet qu'il annonce d'y venir, je veux l'y attendre, et dans aucun cas ne quitter Paris. Ces bases convenues, il est nécessaire d'établir aux Invalides et à l'École-

Militaire de grands ateliers d'artifice, et de faire venir de tous les côtés 1,000 pièces de canon de campagne, 300,000 coups de canon et 12 millions de cartouches. Il faut que tout cela soit prêt dans les premiers jours de février. Dès demain, faites choisir des salles aux Invalides, et établissez un atelier pour faire 100,000 cartouches par jour. Faites établir aussi un atelier propre à confectionner un grand nombre de coups de canon par jour. Les mêmes objets, on les trouvera facilement à Paris. On y trouvera aussi du plomb. Ce qui est nécessaire, c'est des boulets et de la poudre. J'ignore la quantité qu'il y en a à Vincennes. Il faut aussi y établir un atelier d'égale force. Il doit y avoir des boulets à Lafère, au Havre, à Essonne et dans les manufactures de Rouen. Il y en a aussi sur les côtes. Qu'avant minuit vos estafettes partent, et que tout cela vienne en toute diligence. L'artillerie se composera de 12 batteries nécessaires pour la garde nationale qui défendra la ville, ce qui fait 80 bouches à feu; de 12 autres batteries pour les gardes nationales des environs, ce qui fait 160 bouches à feu; et enfin, de 600 pièces de canon pour accroître l'équipage de l'armée que je reploierais sur Paris.

Je vois par votre lettre du 11 que vous vous proposez de faire venir de Metz 600 voitures. Je suppose que vous avez donné des ordres pour cela : réitérez-les par estafettes et par le télégraphe, et que tout cela vienne sur Vincennes. Faites venir 80 bouches à feu qui sont à Bordeaux et 200 caissons. Faites-les diriger sur Tours, et de Tours, en droite ligne, sur Paris. Les 52 bouches à feu et les 200 voitures à tirer du Poitou, de la Bretagne et de Cherbourg, faites-les venir en diligence, ainsi que les 60 bouches à feu à tirer de Brest et de Nantes. Voyez ce qu'on peut tirer des places du Nord, sans affaiblir les équipages.

Il faut que vous me présentiez, indépendamment de l'artillerie attelée qui viendra à l'armée, au moins 800 pièces de canon de tout calibre. Je vous répète que tout cela doit venir par relais continus. Vous ferez faire les harnais à Paris.

Tous les bataillons des équipages militaires et de l'artillerie doivent quitter la Moselle et les Ardennes, et se rapprocher de Paris. Il doit y avoir encore à Bayonne des pièces inutiles de 4 et d'autres calibres. Faites venir en toute diligence les pièces de rechange inutiles à la manutention journalière de Liége, Saint-Etienne et Charleville. Accélérez tous les moyens pour faire arriver des armes à Paris. Établissez-les aux Invalides ou à l'Ecole Militaire. *Signé :* NAPOLÉON.

NOTE SUR LA SITUATION ACTUELLE DE LA FRANCE,

DICTÉE PAR L'EMPEREUR, LE 11 JANVIER 1814.

Il paraît que le général Bulow, avec une division de milices anglaises que commande le général Graham et un corps de cavalerie que commande le général Winzingerode, se réunit à Breda; le but de ce corps serait d'envahir la Belgique ou de prendre Anvers; on ne suppose pas qu'il puisse avoir plus de 20,000 hommes.

Il paraît que le général Blucher, avec l'armée de Silésie, a débouché par Coblenz, s'est porté sur Luxembourg, a jeté des obus sur Sarrelouis, a passé la Sarre à Sarrebruck et marche sur Metz. Cette armée n'a jamais été de plus de 60,000 hommes. On ne pense pas que ce corps puisse être de plus de 40 ou 45,000 hommes, vu la nécessité d'observer Mayence et les pertes qu'il a faites. Ce corps serait composé des divisions Langeron, Saaken et York.

Un troisième corps a débouché par Bâle; il assiège Huningue, Béfort; il doit masquer Strasbourg, Schelestat, Landau. Il paraît qu'il a jeté une garnison de 800 hommes à Genève; il doit assiéger Besançon et contenir la Suisse.

Il paraît donc que l'ennemi chemine par trois attaques principales : l'une représente son armée du Nord, qui était de 60,000 hommes, mais qui bloque Magdebourg, est op posée aux Danois et au prince d'Eckmuhl; celui-ci, ayant 30,000 hommes à Hambourg, ne peut en occuper moins de 40,000.

La deuxième attaque est formée par l'armée de Silésie, composée comme elle était, mais qui, diminuée par les combats et les maladies, l'est encore par le blocus de Mayence, doit observer Luxembourg, Sarrelouis, Metz, ou, si elle passe les Ardennes, Mezières, Sedan.

La troisième attaque est faite par la grande armée commandée par le prince Schwartzenberg, composée des corps de Giulay, Klenau, Lichtenstein, Colloredo, Wrede, et de l'armée russe de Wittgenstein.

Les Prussiens que commandait le général Kleist et qui étaient à cette armée, sont restés à Erfurth; les calculs les plus exagérés ne portent pas cette armée à plus de 100,000 hommes.

L'armée du général Bulow, compris les blocus de Berg-op-Zoom et Gorcum, supposant qu'elle s'élève à 20,000, ci.	20,000 hom.
L'armée du général Blucher, compris les blocus de Mayence, Luxembourg, Thionville, à.	60,000
L'armée du prince Schwartzenberg, à.	100,000
Nous aurions donc en présence.	180,000

Ce calcul doit être exagéré, car l'ennemi lui-même, dans sa plus grande emphase, ne le porte qu'à 200,000 hommes.

Si on ajoute à ces forces :

25 000	hommes	qu'il a dû laisser	devant Magdebourg.
40,000	»	»	devant Hambourg.
12,000	»	»	devant Erfurth.
6,000	»	»	à Wurtzbourg.
12,000	»	»	enfin vis-à-vis Glogau et Custrin.
95,000	»		

Cela ferait 100,000 hommes devant les places au-delà du Rhin : l'ennemi aurait donc sous les armes 280 à 300,000 hommes, sans comprendre son armée d'Italie. On ne pense pas qu'il puisse avoir davantage. Les maladies ont fait plus de ravages dans son armée que dans la nôtre. Il avoue que les batailles lui ont coûté beaucoup de monde.

On croit donc qu'en évaluant l'armée de Bulow à 20,000 hommes; celle de Blucher à 60,000 et celle de Schwartzenberg à 100,000, on approche de la réalité.

L'armée de Bulow, si elle est de 20,000 hommes, devra en laisser 4,000 vis-à-vis Gorcum, independamment des milices hollandaises, 2,000 vis-à-vis Berg-op-Zoom et 2,000 dans Bréda. Il est donc probable qu'il ne lui restera que 12 à 15,000 hommes qui lui sont nécessaires pour observer Anvers. Il ne semble donc pas qu'on ait beaucoup à redouter celle-ci, si ce n'est des partis pour prêcher l'insurrection.

Si l'armée de Blucher est de 60,000 hommes, nombre probablement exagéré, elle ne peut avoir laissé moins de 20,000 hommes devant Mayence. Luxembourg, Sarrelouis, Thionville, occuperont une dizaine de mille hommes.

L'armée du prince de Schwartzenberg devra laisser au moins 10,000 hommes en Suisse, dont le peuple n'est pas très bien disposé, 15,000 hommes devant Besançon et 20,000 devant les places, depuis Huningue jusqu'à Landau; un corps devant Béfort et devant Auxonne. Ainsi il ne pourrait marcher sur Langres et sur Nancy avec plus de 50,000 hommes.

On suppose donc que les 25 ou 30,000 hommes disponibles du général Blucher se réunissent aux 50 ou 60,000 du prince de Schwartzenberg; il ne paraît pas qu'il puisse marcher sur Paris avec plus de 80,000 hommes. Cette opération serait donc folle, mais il faut la supposer.

Moyens de la France.

Nous avons à Walcheren.	4,400 hommes.	29,400
Dans l'île de Cadzan.	1,000	
Forts de Batz, Lillo et Lieskem.	1,600	
A Berg-op-Zoom.	3,000	
A Anvers.	12,000	
Places ouvertes.	7,400	

Savoir le nombre des marins et tout ce qu'on pourra se procurer du 1er corps.

Le général Maison sera donc disponible pour couvrir la Belgique avec la division de la garde Roguet, la division Barrois et la division de cavalerie de la garde ; ce qui lui fera un corps mobile de 15,000 hommes, avec lesquels il peut couvrir Bruxelles, et au pis aller finir par aller couvrir nos places du Nord.

Nous avons dans les places du Nord, savoir :

		Report.	19,800
Lille.	9,000	Cambrai.	2,600
Dunkerque.	800	Bouchain.	600
Bergues.	600	Arras.	2,700
Douai.	3,100	Gravelines.	1,500
Condé.	600	Calais.	700
Valenciennes.	2,200	Saint-Omer.	2,200
Maubeuge.	800	Bruges.	2,100
Landrecies.	2,100	Ostende.	900
Le Quesnoy.	600	Ypres.	600
A reporter. . .	19,800	Total. . . .	33,700

Le général Maison pourra donc s'augmenter de beaucoup de troupes et être là supérieur à son ennemi.

Nous avons, en outre, dans les places de la Meuse et de la Moselle :

Wesel	6,000	Metz	12,000
Maëstricht	4,000	Luxembourg	3,000
Venloo	1,200	Sarrelouis	2,700
Juliers	700	Longwy	2,000
Greven	1,200	Thionville	1,800
Bois-le-Duc	1,000	Bitche	1,100
Namur	1,700	Total	22,600
Aix-la-Chapelle	600		
Total	16,400		

Il y a donc dans les places de la Meuse	16,400 hom.
et entre Meuse et Moselle	22,600
Total	39,000

Le duc de Tarente, avec le 1er corps de cavalerie et tout ce qu'il peut réunir, peut se porter sur Liége et Charlemont, menacer le flanc droit du général Blucher, en gardant la Meuse. Ce maréchal, avec le général Sébastiani, doit pouvoir réunir une dizaine de mille hommes avec 40 pièces de canon; et si l'ennemi marchait sur Paris, il serait en mesure d'y arriver avant lui.

Le duc de Raguse doit avoir une quinzaine de mille hommes de toutes armes; le duc de Bellune une douzaine de mille hommes de toutes armes; le duc de Trévise, qui est à Langres, une douzaine de mille hommes de toutes armes.

Ces quatre corps, après avoir retardé l'ennemi, lui avoir disputé le terrain, si celui-ci marche décidément sur Paris, pourront arriver avant lui dans une position devant Paris, où ils seront joints par une soixantaine de mille hommes, soit de la garde, soit autres; et nous pourrons avoir une centaine de mille hommes à Paris. On y joindrait 20,000 gardes nationales; enfin, on aurait à Paris assez de fusils pour armer une trentaine de mille hommes.

On pourrait donc avoir, vers la mi-février, en avant de Paris, une armée de 120,000 hommes en laissant une garnison de 30,000 hommes dans la ville. Le mouvement national produit en Normandie, Picardie, Champagne, Ile-de-France, des renforts considérables.

Si les affaires d'Espagne prenaient une tournure définitive d'ici à ce temps, nous aurions un poids immense dans la balance, qui ferait changer entièrement les affaires de face. Alors, une partie des quatre divisions de réserve formées à Lyon, dans le Midi, et une partie de la cavalerie de l'armée d'Espagne, pourraient renforcer l'armée de Paris, et porter l'armée de Lyon à une trentaine de mille hommes; ce qui obligerait l'ennemi à une puissante diversion.

En tout état de cause, il faut prendre les mesures convenables, et *dans aucun cas n'admettre l'abandon de Paris.*

Il faut donc faire venir entre Paris et la Loire tous les dépôts, afin de les compléter à Paris; tous les cadres des soldats du train, d'équipages militaires, ainsi que le matériel d'artillerie non armé, afin d'avoir une immense supériorité d'artillerie sur l'ennemi. Il faut compter sur 60 ou 80 pièces de canon pour défendre les barrières de Paris.

Il faut faire le relevé de la partie de la muraille de Paris qui n'est pas achevée, et commander en secret des palissades, chevaux de frise et barrières, qu'on placerait de manière à fermer l'enceinte.

Il faudrait faire reconnaître par des officiers du génie discrets, toutes les hauteurs de Paris à occuper, ainsi que les ponts de la Seine et de la Marne, et étudier la position que devrait prendre l'armée; par ce moyen, la garde nationale de Paris avec 60 pièces de canon assurerait la ville.

La garde nationale de Saint-Cloud et Versailles assurera les ponts de Saint-Cloud et de Sèvres; la garde nationale de Meaux, les ponts de Meaux, Corbeil et autres.

Une armée de 120,000 hommes, qui s'accroîtrait tous les jours, couvrirait la capitale; peut-être serait-il convenable que le munitionnaire fît entrer secrètement dans Paris jusqu'à 60,000 sacs de farine.

Résumé.

1° *Ne jamais faire aucun préparatif pour abandonner Paris, et s'ensevelir sous ses ruines, s'il le faut.*

2° Il faut faire venir par tous les moyens et en poste, une grande quantité de fusils à Paris; les placer à l'École-Militaire, aux Invalides et à Vincennes.

3° Faire venir les cadres qui se trouvent dans les places fortes et les diriger sur Paris, pour les compléter avec la conscription de 1815 et tout ce qui arrivera, de manière qu'il ne reste plus dans les places qu'autant de cadres de bataillons qu'on aura de 800 hommes.

4° Diriger toute la conscription et tous les hommes qui étaient destinés pour les places de la Moselle et des Ardennes sur Paris; y établir de grands ateliers d'habillements, de gibernes, de sorte qu'on puisse habiller une grande quantité de monde.

5° Réunir à Paris 80 ou 100,000 sacs de farine, de manière que la subsistance de l'armée et de la ville soit assurée pendant quatre à cinq mois.

6° Réunir à Paris un millier de pièces de canon, 2 ou 300,000 coups de canon, 8 à 10 millions de cartouches. — Aussitôt que le comité de défense aura présenté un projet de défense pour Paris, et que l'Empereur l'aura adopté, il n'y aura plus d'inconvénients à entasser ce matériel à Paris.

7° Il y a à Metz 5 à 600 voitures d'artillerie; les faire diriger en toute hâte sur Paris. On pourrait en commander au Havre, à Cherbourg et les faire venir à Paris.

8° Mettre en construction une cinquantaine d'affûts de siége, pour pièces de 24 et de 16, et faire venir les pièces et les affûts pour pouvoir en garnir les hauteurs de Paris; en placer sur les redoutes et les ponts; cela aurait un grand avantage, celui d'être utile et de produire un grand effet.

9° Connaître le nombre de toises de murailles qui ne sont pas terminées, et comme la saison ne permet pas de l'achever en maçonnerie, on commanderait à portée une grande quantité de grosses palissades, pour pouvoir en peu de jours les planter.

10° Faire également une grande quantité de palissades, afin de pouvoir construire des tambours sur toutes les portes, de manière qu'ils soient en saillie sur toute l'enceinte, vu que la saison ne permet pas de faire des ouvrages en terre. Il faudrait faire aussi des chevaux de frise, qu'on pût porter où l'on voudrait, pour mettre les postes d'infanterie à l'abri de la cavalerie.

11° Faire venir en toute diligence, dans toutes les directions, 40 ou 50,000 outils. Faire venir un grand nombre d'ingénieurs des ponts-et-chaussées avec des piqueurs, et tous les moyens de diriger des travaux *pour faire de Paris une place forte et un arsenal*. Les ateliers du canal de l'Ourcq doivent fournir beaucoup de ressources.

12° Il faut faire en petit le même mouvement *à Lyon;* déclarer qu'on ne laissera jamais entrer l'ennemi à Lyon; y former un comité de défense, faire venir une centaine de pièces de Toulouse et de Toulon, et agir de la même manière.

13° Il faut réunir au comité le premier inspecteur d'artillerie et le sénateur Gassendi.

Que le comité appelle le chef de bureau d'artillerie et du mouvement des troupes et M. Costaz, directeur des ponts-et-chaussées; que les reconnaissances et plans soient soumis à l'Empereur, et que les dessins soient tout faits pour être mis à exécution, de manière qu'au 1er février nous soyons en mesure.

Aussitôt que le plan sera adopté, l'Empereur le fera connaître pour donner l'impulsion à la nation, et que chacun soit convaincu qu'on fera tout ce qui est nécessaire pour la *défense de Paris et de Lyon.*

N° IV. **INSTRUCTIONS.**

Paris, le 24 janvier 1814.

Le roi Joseph, en qualité de mon lieutenant-général, commandera la garde nationale de Paris, comme je la commandais. Il transmettra ses ordres au maréchal duc de Conégliano, qui, en sa qualité de major-général, les expédiera. Le Roi commandera les troupes de la 1re division militaire, et expédiera ses ordres au général Hullin, commandant cette division. Il donnera ses ordres au général Ornano, commandant la garde à cheval, la garde à pied et l'artillerie de la garde. Ce général les fera exécuter. Il est bon que les trois chefs de service militaire se rendent tous les jours chez le Roi.

Le maître des requêtes Allent, major du génie, sera placé à la tête du bureau du Roi, et chargé de l'expédition de tous ses ordres. Il suivra tous les détails de la correspondance de l'armée, tout ce qui est relatif à l'organisation de la garde nationale, et à la défense de Paris et des environs. Le roi aura avec lui quatre aides-de-camp (les généraux Strolz, Le Capitaine, Expert et......), et quatre officiers d'ordonnance (ceux-ci lieutenants ou capitaines), pour expédier et porter ses ordres. Il se servira d'ailleurs des huit capitaines adjoints de la garde nationale pour tout ce qui est relatif à l'expédition des ordres de la garde nationale.

§ 1er. — Garde nationale.

La garde nationale de Paris est composée de 12 légions. J'ai ordonné qu'il fût formé 12 compagnies de canonniers, (3 à l'Ecole Polytechnique, 4 ou 6 aux Invalides, et les 3 ou 4 autres dans la garde nationale). Ces 12 compagnies pourront servir chacune 6 pièces de canon, ce qui fait 72 pièces de canon. Les batteries servies par l'École Polytechnique seront les mieux soignées, parce qu'elles sont susceptibles d'aller à trois ou quatre lieues de Paris, et de faire un service brillant. Il y a à l'École un colonel de la garde qui organisera ces 3 compagnies; je pense qu'elles doivent être formées dans la journée de demain, ainsi que les Invalides. Il faudra faire aller ces compagnies à Vincennes, où il y a un polygone, afin qu'elles tirent quelques coups de canon pour s'exercer.

J'ai nommé le général Drouas commandant de l'artillerie de la garde nationale : c'est un officier d'une très grande distinction. Le colonel Villantroys sera directeur-général du parc. On trouvera des officiers d'artillerie retirés qu'on pourra employer selon les circonstances.

La plus grande difficulté pour la garde nationale, est les *armes*; nous n'en avons pas. On essaie dans ce moment l'établissement d'un atelier pour la garde nationale. Elle s'armera de tous les fusils de chasse qu'on pourra trouver. Le génie de la garde nationale sera commandé par le général Chasseloup.

J'ai ordonné qu'on fît des chevaux de frise et des palissades pour fermer les barrières de Paris. Il y a trente barrières principales; en y envoyant 2 pièces de canon pour chacune, elles se trouveraient à l'abri de toute insulte de troupes légères. Sur ces trente barrières, il n'y en a guère qu'une partie qui puisse être exposée, Paris étant trop grand pour que l'ennemi puisse présenter des troupes légères à toutes, à moins qu'il n'ait des forces bien considérables.

§ 2. — **Troupes de ligne.**

J'ai donné l'ordre au Ministre de la guerre, et il faut le réitérer, que tous les généraux d'infanterie, de cavalerie et d'artillerie qui ne sont pas employés en ce moment se rendent à Paris pour y recevoir du service selon les circonstances.

Trente cadres de bataillons se rendent de différents points sur Paris, pour y être sous l'inspection du général Fririon, qui doit les faire habiller par le magasin général, les armer, et en former une réserve de trente bataillons, qu'il complètera avec des conscrits de 1815.

Il y a aux environs de Paris plus de soixante cinquièmes bataillons ou dépôts qui offrent de grandes ressources en officiers; et successivement à mesure que les hommes sortiront des hôpitaux ou rejoindront, ces dépôts auront un certain nombre d'hommes disponibles.

§ 3. — Cavalerie.

Il y a à Versailles un dépôt central où l'on doit monter 18,000 hommes. Ce dépôt est sous le commandement du général Roussel. Jusqu'à cette heure, le dépôt a fourni 1,000 hommes tous les trois ou quatre jours. Il peut en fournir 2,000 d'ici au 1er février, de sorte que dans les dix premiers jours de février, on pourra avoir 7 à 8,000 hommes à cheval; et comme la plus grande partie des dépôts de cavalerie vient autour de Versailles, cela fournira un grand nombre d'officiers à employer utilement avec cette cavalerie.

§ 4. — Artillerie.

De tous les points des côtes, l'artillerie se dirige sur Paris, qui est le principal point qui doit fournir à l'armée. 90 à 100 pièces arriveront de Châlons; 80 arrivent de Bordeaux, d'autres de différents points. J'ai ordonné à la marine de former à Cherbourg 4 compagnies composées de matelots canonniers qui viendront à Paris avec des officiers de marine.

§ 5. — Garde impériale.

Il y a à Paris le cadre de 30 bataillons de la garde qui doivent recevoir 18,000 conscrits. J'ai ordonné qu'on tînt toujours à la caserne Eugène et à la caserne Napoléon 4 de ces bataillons complétés à 400 hommes, lesquels feront le service de l'intérieur du palais, et formeront une réserve pour se porter partout où il sera nécessaire. Quand les bataillons partiront pour l'armée, ils seront complétés à 600 hommes, mais de manière qu'il reste toujours 4 bataillons complets pour le service de Paris.

Il y a une compagnie de chasseurs et une compagnie de grenadiers faisant environ 300 hommes, qui feront le service de l'intérieur du palais

Le général Charpentier, qui commande une division de ces 30 bataillons, sera ici disponible à Paris avec deux généraux de brigade. Le général Charpentier est un homme vigoureux à la guerre.

§ 6. — Cavalerie de la Garde.

Il y a à Paris de quoi organiser 3,000 hommes de cavalerie de la garde. J'ai chargé le général Ornano des détails de l'organisation et de la surveillance de tous les dépôts. J'ai ordonné à Ornano de fournir tous les jours tous les hommes disponibles, d e anière qu'ils puissent partir en une demi-heure de temps. Je suis certain que demain il y aura 500 hommes de montés, et qu'avant le 1er février il y aura plus de 1,200 hommes disponibles.

§ 7. — Artillerie de la Garde.

Le général d'Aboville commande l'artillerie de la garde. J'ai ordonné qu'on complétât les vétérans de la garde qui sont à l'École-Militaire, de manière qu'ils puissent servir 8 pièces, une batterie d'artillerie à cheval et une à pied qui viennent d'Espagne et arrivent demain. J'ai ordonné qu'on les retînt et qu'on organisât chaque batterie. La garde aurait donc 22 pièces de canon prêtes à agir.

Le général Deriot a le commandement des dépôts de la garde. J'ai donné le commandement général au général Ornano, de sorte qu'en cas d'alarme, il arrive au palais avec sa cavalerie, ayant toujours une avant garde de 2,000 hommes d'infanterie, de 1,500 à 3,000 chevaux selon le moment et 22 pièces de canon pour se porter aux environs de Paris.

Il y a à Paris 100 gendarmes d'élite et 800 gendarmes de la ville, ce qui fait 900 hommes d'élite à cheval.

Par la réunion de ces moyens, le Gouvernement est toujours le maître de Paris; car, en cas d'événement, on ferait faire le service du palais par les cadres des 30 bataillons de la garde. Chaque cadre étant de 100 hommes, rien que ces cadres fourniraient 3,000 hommes d'élite.

La garde aura donc toujours en cavalerie, infanterie et artillerie, plus de 8 à 10,000 hommes à Paris. Il y aura toujours plus de 25 à 30 cadres de bataillons dans les environs de Paris, puisque les dépôts affluent sur Paris. En réunissant tout cela en compagnies d'officiers, dans des cas urgents, le Gouvernement rallierait autour de lui plus de 30,000 hommes.

Il n'y a donc rien à Paris qui puisse contrarier la volonté du Gouvernement. Il faut donc éviter de mettre en activité la garde nationale, ce qui causerait de l'embarras et serait pour les citoyens une fatigue inutile.

Dans une circonstance urgente, ce sera une véritable ressource que de faire venir aux différentes barrières les 2 ou 300 hommes, officiers, sous-officiers, soldats et tambours qui composent chaque dépôt, et qui sont placés ou vont l'être à trois ou quatre jours de Paris.

§ 8. — Situation militaire de Paris dans le moment actuel.

L'armée est censée à Châlons, Vitry et Bar-sur-Aube.

L'ennemi n'a point l'air de menacer du côté de Soissons et des Ardennes. Du côté des places du Nord, il n'a pas encore la Belgique. Tout le mouvement de l'ennemi est sur Langres, Saint-Dizier et Dijon. Le mouvement de l'ennemi par Saint-Dizier et Langres est contenu par l'armée. Celui par Dijon n'est pas contenu.

Il y a de Dijon à Paris une route par Troyes et une route

par Sens. A Troyes, il y a le général Hamelinaye, 3 à 4 bataillons, 12 pièces d'artillerie, et on y réunit une division de gardes nationales.

Par la route qui passe par Sens, le sénateur Ségur et le général Devaux se reploient avec assez peu de troupes. Le général Pajol, avec 1,500 hommes de cavalerie et une batterie d'artillerie légère, est à Nogent-sur-Seine. Il est chargé de garder les ponts de Nogent, de Montereau et de Melun. Ces 1,500 hommes doivent être augmentés tous les jours par ce que peut fournir le dépôt de Versailles. Il est donc de la plus grande importance que le ministre de l'administration de la guerre ne laisse pas ce dépôt manquer de selles, ni d'effets de harnachement ; car il peut fournir jusqu'à 2,000 hommes par jour.

J'ai ordonné de faire partir demain de Versailles un général de brigade avec tout ce qu'il y a de disponible au dépôt de cavalerie, pour se rendre à Pont; et après demain on fera partir les hommes nécessaires pour compléter cette brigade à 1,000 hommes. La position de Pont couvre le pont de Montereau. Cette brigade occupera Montereau et Nemours. J'ai ordonné que le général de division Pacthod partît pour Montereau, organisât les gardes nationales de Montereau et des villes voisines, et qu'on fît un tambour en avant du pont de Pont.

Je ne suppose pas qu'il puisse arriver par cette route plus que quelques partis de cavalerie. J'ai ordonné au Ministre de la guerre de réunir quelques bataillons de gardes nationales et de ligne qui arrivent d'au-delà de la Loire, entre autres 3 qui viennent de Bordeaux, pour les diriger d'Orléans sur Montereau et Fontainebleau.

Enfin, le général Pajol a l'ordre, si l'ennemi pénétrait par la route de Sens, de se porter sur Pont, Montereau et Moret. Il est à espérer que le général Pajol, qui a déjà

1,500 chevaux, pourra en avoir 3 à 4,000 d'ici au 1er février.

4,000 cavaliers de la division Treillard, avec 2 batteries d'artillerie légère arrivent à Orléans le 8 février. J'ai ordonné que d'Orléans, on les dirigeât sur Fontainebleau et Pont.

Deux divisions de 6,000 hommes d'infanterie de l'armée d'Espagne ont pris la poste le 20. On n'a pas encore leur itinéraire. On les poussera également d'Orléans sur Montereau, où ils seront à même de protéger Paris et de rejoindre l'armée.

Enfin, il y aura toujours à Paris une réserve de 4 à 5,000 hommes de la garde, qui pourront toujours se porter sur les points où des patrouilles ennemies auraient passé.

Il est probable que l'effet du mouvement que je vais faire fera replier tous les partis ennemis. L'ennemi d'ailleurs n'est entré que le 20, avec 6,000 hommes, à Dijon.

Tous les soins du ministre de la guerre et de l'administration de la guerre doivent donc être d'organiser rapidement la cavalerie de Versailles.

J'ai fait remettre un million pour payer comptant tous les chevaux qu'on amène au dépôt. Le général Roussel étant un bon général de cavalerie, il sera bon de le mettre à la tête d'un division entière. Lorsqu'il y aura 2,000 chevaux à Pont et Montereau, il faudra l'envoyer en prendre le commandement sous les ordres du général Pajol, et donner l'inspection du dépôt au général Préval.

Toutes ces mesures me paraissent suffisantes pour maintenir l'ennemi éloigné de Paris, et assurer la tranquillité de la capitale.

Le Roi doit passer tous les jours des revues à 10 heures du

matin, ou du moins tous les deux ou trois jours. Il fera venir à ses revues tous les détachements de la cavalerie de Versailles qui partiront, toute la cavalerie de la garde disponible, toutes les batteries qu'on organise, et tous les bataillons au fur et à mesure qu'ils se compléteront. Les conscrits arrivent à Paris, à raison de 3 à 400 par jour. Il est probable que la levée de 1815 qui a lieu en ce moment les fera arriver plus nombreux.

Tous les cadres de la garde seront logés dans Paris; et par la circonstance que tout se centralise sur Paris, il se trouvera y avoir aux environs de Paris une quantité considérable d'officiers et sous-officiers de toutes armes.

Ainsi donc, il y a deux routes de Paris à Dijon; celle de Troyes est gardée à Troyes, par le général Hamelinaye, avec 3 bataillons, 4 pièces de canon, et à Sens, par le général Devaux, avec un millier d'hommes qui se retirent de Dijon.

Ce débouché est gardé en seconde ligne par le général Pajol, à Montereau, et par une brigade de cavalerie qui commence à se former demain, et qui va se porter sur les points de Montereau et de Moret.

Enfin, j'ai mandé au Ministre de la guerre de faire arriver en toute diligence d'Orléans sur Montereau, les troupes qui arrivent au-delà de la Loire, et qui seront sous les ordres du général Pacthod.

Ces troupes couvriront Fontainebleau, et le général Pacthod commanderait alors toute cette ligne.

Nº V. LETTRES DE L'EMPEREUR.

Troyes, 26 février 1814.

Monsieur le duc de Feltre, si j'avais eu un équipage de pont de 10 pontons, la guerre serait finie, et l'armée du prince Schwartzenberg n'existerait plus ; je lui aurais pris 8 à 10,000 voitures et pris son armée en détail. Mais à défaut de bateaux, je n'ai pu passer la Seine où il aurait fallu que je la pusse passer à volonté. Il est ridicule de me dire que Paris n'offrait pas les bateaux nécessaires pour faire un pont sur la haute Seine ; je n'avais pas besoin de 50 bateaux ; mais seulement de 20. Par les mesures que vous avez prises, la guerre sera finie quand les bateaux arriveront ; tandis qu'on devait les faire partir dès le lendemain de la réception de ma lettre. Tout cela est de l'ineptie.

La Ferté-sous-Jouarre, 2 mars 1814.

Monsieur le duc de Feltre, je suppose que votre équipage de pont partira cette nuit de Paris et arrivera demain, 3, à Meaux. Que de choses j'aurais faites, si j'avais eu cet équipage ! Me voilà arrêté ici depuis bien des heures, par la difficulté de réparer le pont de La Ferté-sous-Jouarre.

La Ferté-sous-Jouarre, 2 mars 1814.

Monsieur le duc de Feltre, grâce à l'adresse et à l'activité des marins de ma garde, le pont de La Ferté sera fini dans une heure. Si j'avais eu un équipage de pont à Méry, l'armée de Schwartzenberg eût été détruite. Si j'en avais eu un ce matin, l'armée de Blucher eût été perdue.

N° VI. **ORDRE DE L'EMPEREUR**

AU MAJOR GÉNÉRAL (1).

Fontainebleau, le 4 avril 1814.

Mon cousin, donnez ordre au 2ᵉ corps commandé par le général Gérard de venir prendre position ce soir à Pringy et Boissise. Donnez ordre aux 11ᵉ et 7ᵉ corps de venir prendre position ce soir, l'un à Chailly et Villiers en Bierre, et l'autre à Fontainebleau (cela dépendra de celui qui arrivera le premier; le dernier restera à Fontainebleau). Donnez ordre aux 5ᵉ et 6ᵉ corps de cavalerie de venir prendre position sur la petite rivière de l'Ecolle, depuis Saint-Germain jusqu'à Boissise. Chargez le général Belliard du détail de l'emplacement, afin que cette cavalerie ne soit pas mêlée avec la garde, soit à pied, soit à cheval. S'il y avait de la garde en-deçà de la petite rivière d'Ecolle, sur cette ligne, ou même dans les villages au-delà qui touchent cette rivière, vous me proposeriez des ordres à donner à cette partie de la garde pour qu'elle se porte en avant du côté de Paris. Vous me ferez connaître celui des deux corps, du 7ᵉ ou du 11ᵉ, qui restera ce soir à Fontainebleau. Sur ce, etc. — Fontainebleau, le 4 avril au matin 1814.

Mon cousin, envoyez l'ordre au duc de Raguse, au duc de Trévise, au duc de Reggio, au duc de Conégliano, aux généraux Belliard, Gérard, Sorbier, Dulauloy, Friant, Sébastiani, Treillard, Milhaud, Léry, Saint-Germain,

(1) L'Empereur visita avec le duc de Raguse, dans la soirée du 2 avril, les bords de l'Essonne, depuis le confluent de ce ruisseau jusqu'au-delà de Mennecy, et annonça l'intention d'attaquer l'ennemi qui prenait position sur l'Yvette. Pendant les journées du 3 et du 4, les troupes qui étaient en arrière arrivèrent sur la ligne. C'est alors que l'Empereur donna les ordres ci-dessus.

Defrance, Lefèvre-Desnoëttes, Ornano et Exelmans, de se rendre au palais ce soir à 10 heures, et de prendre des mesures pour être de retour à leur poste avant le jour. Fontainebleau, le 4 avril 1814. *Signé :* Napoléon.

Donnez ordre à la division Lefèvre-Desnoëttes de se porter à Fontainebleau avec sa division. — Donnez ordre au duc de Reggio de laisser 500 hommes à Moret avec 2 pièces de canon, et de placer le reste de son corps entre Fontainebleau et Nemours. Le 2e corps enverra une de ses divisions à Ury et la Chapelle-la-Reine, route de Fontainebleau à Malesherbes. — Le général de division Krasinski prendra le commandement de tous les Polonais qui servent dans nos armées. *Signé :* Napoléon.

Ordre au général Defrance : Rendez-vous sur-le-champ à La Ferté-Aleps. — Vous pousserez des partis sur Etampes et sur Malesherbes. Vous tiendrez à Malesherbes une de vos brigades à demeure. Le 4 avril 1814.

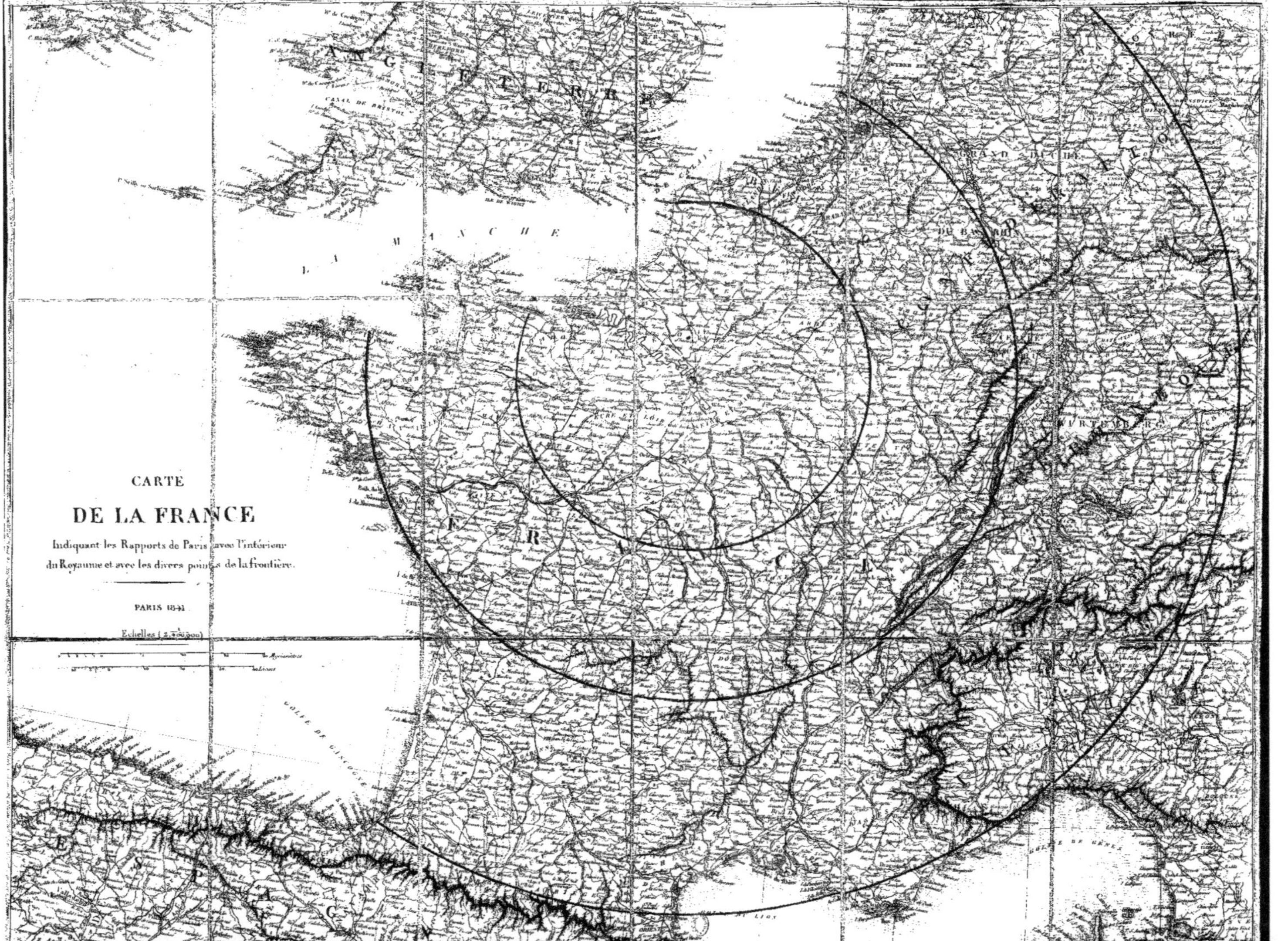
CARTE
DE LA FRANCE
Indiquant les Rapports de Paris avec l'intérieur
du Royaume et avec les divers points de la frontière.
PARIS 1841
Echelles (1/2,400,000)
Myriamètres
Lieues
ANGLETERRE
LA MANCHE
GOLFE DE GASCOGNE
FRANCE
ESPAGNE
GRAND DUCHÉ DE BADE
WURTEMBERG
GOLFE DE GÊNES

www.ingramcontent.com/pod-product-compliance
Lightning Source LLC
LaVergne TN
LVHW020407230826
846091LV00004B/1175

* 9 7 8 2 0 1 2 9 3 1 1 0 7 *